A REVOLUÇÃO

EMDR

MUDE SUA VIDA,
UMA MEMÓRIA DE CADA VEZ

Guia do Cliente

Tal Croitoru

A Revolução EMDR

A REVOLUÇÃO

EMDR

MUDE SUA VIDA, UMA MEMÓRIA DE CADA VEZ

Guia do Cliente

Tal Croitoru

Título: **A Revolução EMDR. Mude sua vida, uma memória de cada vez,** *Guia do Cliente*

© 2014 Tal Croitoru

TraumaClinic Edições
ISBN-13:978-1941727027
ISBN-10: 1941727026

Capa: Claudio Ferreira da Silva
Layout: Marcella Fialho e Esly Carvalho
Tradução: André Maurício Monteiro

TraumaClinic Edições
SEPS 705/905 Ed. Santa Cruz sala 441
70.080-055 Brasília, DF Brazil
info@traumaclinicedicoes.com.br
www.traumaclincedicoes.com.br

Sumário

Prólogo

A terapia EMDR mudou minha vida. Primeiro, mudou a minha vida pessoal. Depois de uma sessão em 1995, saí completamente convencida de que isso era algo que eu queria aprender a fazer. Seria uma forma de ajudar mais ainda meus pacientes, já que fiquei tão impressionada com as mudanças na minha própria vida.

Eventualmente, a terapia EMDR transformou radicalmente a minha prática profissional também: a maneira de ajudar meus pacientes, o deslumbramento constante de vê-los melhorar de forma incrível a cada sessão - especialmente para uma psicoterapeuta experiente como eu. Os pacientes passaram a ficar cada vez menos tempo em terapia e as mudanças eram muito mais rápidas, duradouras. Eles chegavam com queixas específicas e saíam com resultados mensuráveis. Os ganhos terapêuticos perduravam e não havia recaídas. As mudanças eram profundas e libertadoras. À raiz de tudo isso, a terapia EMDR passou a ser a regra do meu trabalho, não a exceção.

É um prazer compartilhar com outras pessoas a experiência de Tal Croitoru por meio da publicação deste livro. Aqui encontramos uma pessoa que conseguiu explicar não somente como a terapia EMDR funciona, mas que argumenta em favor de sua implementação científica em larga escala. Da mesma maneira como a terapia EMDR representa uma mudança de paradigma na psicoterapia, a autora indica como se trata de uma mudança na maneira de desenvolver a prática psicoterapêutica, quando empregamos a terapia EMDR. Escrito para que todas as pessoas possam ler sua obra, sua linguagem é simples, clara e acessível, mas com precisão científica.

É nosso desejo que a terapia EMDR tenha um alcance mundial. Entendemos que a base do ciclo de violência seja o trauma e queremos romper com esse ciclo em nossos países. Queremos ver as pessoas vivendo com mais qualidade de vida, porque podem alcançar seus sonhos e não apenas se despertarem deles. Cremos que Tal Croitoru nos apresenta mais uma ferramenta preciosa para conquistar esse desafio.

Esly Regina Souza de Carvalho, Ph.D.
Presidente, EMDR Treinamento e Consultoria/
www.emdrtreinamento.com.br
Diretora, TraumaClinic do Brasil/ **www.traumaclinic.com.br**
Editora, TraumaClinic Edições/ **www.traumaclinicedicoes.com**
Trainer of Trainers, EMDR Institute e EMDR Iberoamérica
Trainer, Educator, Practitioner de Psicodrama
Autora do livro, *Curando a Galera que Mora Lá Dentro*

Introdução

- Você tem tido sentimentos negativos por um tempo significativo, ou está experienciando sentimentos negativos como resultado de uma crise ou evento traumático, que aparentam não passar por conta própria?
- Você sente que tem obstáculos internos que o impedem ou o inibem de avançar e vencer, mesmo quando, ao menos em teoria, você sabe exatamente o que precisa ser feito?
- Você já percebeu que apresenta padrões de comportamento repetitivos que o prejudicam em sua vida pessoal ou profissional e que somente a conscientização não basta para impedir essa repetição?
- Você tem sentimentos desagradáveis, medos ou preocupações que o impedem de falar diante do público, fazem com que se sinta desconfortável ao ser o centro de atenções e bloqueiam seu avanço na vida pessoal ou profissional?

A boa notícia é que esses sofrimentos são reversíveis.

Notícias melhores ainda? Por meio de uma nova forma de psicoterapia chamada Movimento Ocular, Dessensibilizaçao e Reprocessamento (EMDR) o processo de mudança é mais rápido do que jamais se pensou ser possível.

Por exemplo, você sabia:
- Que o EMDR é um tratamento psicoterapêutico que promove resultados significativos dentro de poucas semanas, em casos nos quais outros métodos demoram meses ou anos antes de produzirem efeitos?
- Que muitos estudos confirmam a eficácia e sucesso do método depois de apenas algumas sessões de terapia?
- Que milhares de pessoas já foram tratadas com sucesso com esse método?

Neste livro *A Revolução EMDR* você irá descobrir informações importantes que precisa saber quando se sentir estressado ou inibido, de forma a selecionar a ajuda mais apropriada.

A leitura das histórias pessoais contidas aqui irá ensiná-lo muito sobre você mesmo – aquilo que o afeta, que o motiva, ou que o limita. Você merece uma vida melhor. O EMDR pode ajudá-lo a curar sua vida, uma memória de cada vez, e viver a vida que você deveria viver.

Depoimento:

"Desde os 11 anos de idade, com o divórcio traumático de meus pais, eu havia feito terapia psicológica clássica para me ajudar a lidar com a vida diária e com as dificuldades de minha primeira infância. Aos 26, eu já estava esgotada, depois de anos de terapia que no fundo não tinham contribuído muito para meu bem-estar geral, especialmente em relação à quantidade de tempo, dinheiro e esforço que eu havia investido. Durante as sessões de terapia, eu podia falar sobre alguma memória de infância sobre a qual já havia discorrido umas vinte vezes antes e ainda experimentava a mesma dor que sempre tinha sentido. Chorei inúmeras vezes diante de meus terapeutas, meus amigos, minha família – e ainda assim, nem a dor nem o trauma diminuíam.

Foi então que busquei o EMDR, para me dar uma última chance de receber a ajuda que eu tão desesperadamente buscava. Eu procurava por alguma coisa que pudesse finalmente funcionar e que não demorasse anos para resolver a questão. Mesmo antes de eu comparecer à primeira sessão, deixei claro que procurava alguma coisa que pudesse me ajudar no curto prazo: eu já havia gasto 15 anos em terapia e não estava mais disposta a investir muito mais tempo.

Aproveitei muito mais da terapia com EMDR do que poderia jamais ter imaginado. O trabalho foi intenso, mas senti seus efeitos quase que imediatamente. Isso me fez na verdade aguardar ansiosamente pelas sessões seguintes: eu sabia que iria doer, mas depois a dor passava e eu seria curada.

Pela primeira vez em minha vida, eu verdadeiramente senti que a terapia era efetiva e que eu finalmente conseguia superar o trauma que me acompanhara durante a maior parte da vida. Quando me dá vontade, posso falar sobre minha infância – mas agora não preciso reviver a dor que estava associada a esse período. Também fiquei muito mais conectada comigo mesma e com meus familiares, desde que consegui me libertar da dor e do medo que me impediam de fazer isso no passado".

Prefácio

Ou "Pelo amor de Deus, como eu não ouvi falar disso antes?"

Antes de ouvir falar do EMDR, eu era uma assistente social, trabalhando em consultório, tratando de clientes que me procuravam devido a alguma crise ou estresse emocional. Eu acreditava que fazia um trabalho muito bom – meus clientes estavam relativamente felizes, experienciavam mudanças e me recomendavam para outras pessoas. O que mais eu poderia esperar?

Foi então que uma mulher jovem veio me procurar em um estado emocional muito grave, depois de viver um evento traumático. Ela estava extremamente sobrecarregada e sofrendo tanto, que sugeri a consulta com um psiquiatra para tomar medicação antidepressiva e ansiolítica. Eu havia tratado de clientes nessa estado antes, mas sempre acompanhados por tratamento farmacológico. Entretanto, devido às crenças religiosas da cliente, ela estava com medo que o tratamento psiquiátrico prejudicasse suas chances de um acerto potencial futuro para um casamento arranjado. Ela recusou imediatamente.

Eu estava em supervisão com uma terapeuta mais experiente. Ela me disse que, se esse fosse o caso, eu deveria apenas permanecer com ela, em sua dor. Eu não aceitei esse conselho. Se eu estivesse nessa situação, não gostaria que alguém apenas ficasse comigo em minha dor, da mesma maneira que se eu tivesse uma dor nas costas, não quereria que o médico apenas ficasse comigo em minha dor. Acho que no papel de terapeutas deveríamos lutar para conseguir mais.

Ao procurar por novas ideias, deparei-me com um livro na livraria chamado *Curar: O Estresse, a Ansiedade e a Depressão sem Medicamento nem Psicanálise*, escrito pelo psiquiatra francês, Dr. David Servan-Schreiber. Fiquei imediatamente atraída pelo título, porque nunca havia realmente me conectado profissionalmente com o método "Freudiano" de terapia, e uma abordagem "sem drogas" era exatamente o que a cliente queria. Comprei o livro imediatamente e o li. Dois capítulos no livro eram sobre um método terapêutico chamado EMDR, ou Movimento Ocular,

Dessensibilização e Reprocessamento. Tratava-se de um método sobre o qual eu nunca havia ouvido antes: nem na universidade, nem em qualquer fase de meu treinamento em saúde mental em hospital psiquiátrico ou clínica. As coisas escritas no livro eram tão surpreendentes que fiquei literalmente de boca aberta enquanto lia.

Em seu livro, Dr. Servan-Schreiber escreveu sobre seu próprio ceticismo quando ouviu falar sobre o EMDR pela primeira vez e falou sobre os estudos que haviam contribuído para reverter seu ceticismo. Em um desses estudos, publicado em um dos periódicos mais rigorosos em psicologia clínica, havia relato do trabalho com 80 pacientes que padeciam de trauma mental sério e que haviam sido tratados com EMDR durante três sessões de 90 minutos cada. Nesse grupo observou-se uma taxa de sucesso de 80% de pacientes que não mais sentiam sintomas de transtorno de estresse pós-traumático (TEPT).

Isso em apenas três sessões. Três!

Como é que isso poderia ter acontecido em três sessões e não em três anos? De acordo com o que eu havia aprendido e testemunhado em uma clínica de saúde mental onde fui treinada no passado, o TEPT era considerado um transtorno crônico e contínuo. Pessoas com TEPT submetiam-se a tratamento por 6, 7 e até 10 anos sem muita mudança. Como é que três sessões poderiam mudar o que em 10 não conseguiam?!

Além do mais, Dr. Servan-Schreiber afirmou que quando os sujeitos da pesquisa foram entrevistados 15 meses mais tarde para conferir se os resultados haviam permanecido, descobriu-se que não somente eles haviam se mantido, como os pacientes haviam até mesmo melhorado. Ele escreveu que apesar de sua formação psicanalítica, os resultados que ele leu o convenceram a aprender como tratar pessoas com o EMDR. Após usar o método, ele concluiu que não poderia mais ignorar o que via acontecer constantemente com seus clientes.

De modo semelhante, senti que tinha que descobrir mais – mais sobre o que era isso e como poderia funcionar – porque baseado no que eu tinha aprendido previamente, soava bom demais para ser verdade. Fui me dando conta de que talvez o problema estivesse no que me havia sido ensinado e não no que havia acabado de descobrir. Apressei-me para obter maiores informações e participei da palestra de um psicólogo israelense que tinha participado em uma missão humanitária para tratar de mulheres congolesas. Essas mulheres tinham sido estupradas por soldados de tribos rivais. Além de dos corpos marcados e mutilados, suas famílias e tribos as repudiaram.

A missão durou algumas semanas e o psicólogo retornou com dados e vídeos dessas mulheres, com registros anteriores e posteriores ao tratamento com EMDR.

Saí da palestra murmurando para mim mesma, "Deus do céu, se isso ajuda tão rapidamente essas mulheres congolesas, que estão em um estado tão precário, eu tenho que aprendeu isso também. Minhas clientes estão em um estado muito melhor, de modo que com certeza isso pode ajudá-las com muito mais rapidez".

Comecei a estudar EMDR e a aprender cada vez mais. Nos anos que já transcorreram, transformei o EMDR no trabalho de minha vida. Fui exposta a uma enorme quantidade de pesquisas que provavam a eficácia do tratamento com EMDR. Quanto mais eu usava EMDR, mais eu via provas de seus efeitos positivos – primeiro em minha própria clínica e depois na minha rede nacional de clínicas.

Eu passei a atender cada vez mais gente. No começo eu me transformei em um "refúgio" para pessoas que tinham desistido da psicoterapia clássica, porque essa não havia, ou havia apenas ajudado parcialmente os clientes, mesmo depois de três, seis ou mesmo sete anos. Para a maioria da clientela tratada com o uso do EMDR, seu estado melhorou depois de poucas sessões e o tratamento terminou de forma satisfatória em algumas semanas ou poucos meses.

Conforme eu havia pensado, o que funcionou de forma extremamente rápida para eventos traumáticos com risco de vida também funcionava rapidamente para eventos de menor gravidade.

Também li um estudo que verificou que eventos não ameaçadores de vida, tais como divórcio e desemprego, por exemplo, também seriam capazes de gerar sintomas pós-traumáticos; com a mesma intensidade ou ainda mais do que eventos ameaçadores de vida. Assim como meus colegas nos Estados Unidos da América e na Europa, que têm utilizando EMDR por mais de 20 anos, comecei a oferecer terapia de EMDR para um leque mais amplo de transtornos de ansiedade e inibições do que apenas para TEPT. Por exemplo: crises de vida (divórcio, traição, demissão do trabalho), aprimoramento do desempenho no trabalho, ansiedade ao fazer exames e até mesmo aprimoramento de desempenho de atletas e músicos. No Capítulo 2, detalharei como o EMDR funciona. Nele você verá o que um músico com medo de palco e um homem que flagrou a traição da mulher têm em comum e como ambos podem ser igualmente ajudados.

Alguns de meus clientes permaneceram em terapia após a resolução do problema inicial que os havia trazido ao tratamento, com o objetivo de trabalhar outros aspectos de suas vidas. Nesses casos, apenas poucas semanas eram suficientes para tratar do outro problema. Em algumas situações, conseguimos tratar essas dificuldades de tal maneira, que suas vidas mudaram completamente. Começávamos com a crise inicial, que era resolvida da melhor forma possível, por meio da melhora acentuada do aspecto ocupacional da vida e, finalmente, das habilidades pessoais mais amplas, até mesmo na área de esportes e de apresentações artísticas. Mais tarde, enquanto trabalhava para o Ministério das Relações Exteriores de Israel, funcionários da área diplomática e suas famílias que haviam vivenciado um evento traumático me foram encaminhados e trazidos para Israel. Esses clientes normalmente partiam após duas a três semanas do início do tratamento, sem sintomas de TEPT. O que eles diziam a respeito? "Não há nada igual!"

Repetidas vezes, em conversas com colegas, em sua maioria colegas provenientes do exterior, mas também em Israel, eu ouvia sobre experiências similares, em relação à melhora considerável e rápida com o EMDR. Alguns deles recebiam cobertura dos convênios para apenas dez sessões, em alguns casos para apenas quatro sessões. Ainda assim, as melhoras observadas foram tão dramáticas que nem vários anos de tratamento com outros métodos haviam conseguido promover tal progresso.

A pergunta mais comum que me fazem é, "Como é que nunca ouvi falar disto antes?" e isso me parte o coração. Como um cliente meu que disse isso depois de 15 anos de terapia com uma quantidade de terapeutas em tratamentos que não o haviam ajudado o suficiente. Outra cliente e também terapeuta perguntou-se sobre o que ela havia feito com os clientes dela por todos esses anos, quando ela mesma havia sido ajudada em quatro sessões. Há também pessoas que carregaram seu sofrimento por anos e que não buscaram tratamento porque não queriam gastar mais tempo ou dinheiro. Ademais, não entendiam como um estranho que os ouviria por menos de uma hora por semana poderia melhorar sua situação (e muito corretamente, em minha opinião. Veja o Capítulo 6, que lida com minha própria filosofia a respeito de terapia).

A maioria das pessoas ainda não ouviu falar do EMDR, porque o método foi desenvolvido no fim dos anos 80 (1987, para ser exata), e normalmente demora muitos anos para uma abordagem de tratamento psicológico tornar-se amplamente conhecida.

Nos EUA, o EMDR foi usado após o atentado a bomba em Oklahoma City, o massacre na escola em Columbine e o ataque ao World Trade Center em 11 de setembro de 2001. Esse método tem sido usado para tratar vítimas de desastres naturais no Ocidente e no Extremo Oriente (furacões e tsunamis). Além disso, o EMDR tem sido empregado cada vez mais em ampla variedade de campos, tais como no tratamento de problemas ligados a drogas. Já no início dos anos 90, houve relatos sobre o sucesso do EMDR no tratamento de ansiedade pré-exames e no aprimoramento de desempenho esportivo.

No setor público, em hospitais e clínicas públicas de saúde mental, o uso de EMDR ainda está focado no alvo terapêutico inicial para o qual foi desenvolvido: estresse pós-traumático.

Ao longo dos anos, à medida que aumentava o número de pessoas que me procuravam, finalmente cheguei à conclusão de que agora era a hora certa para ampliar minha visão – de contribuir para mudar a forma como a psicoterapia é praticada em meu país – e para além dele, informar o público em geral sobre o

EMDR. Essa abordagem há muitos anos atrás foi considerada efetiva no apoio a ampla gama de sofrimentos e crises, atuando nos padrões prejudiciais de comportamento por um lado e na erradicação de obstáculos internos e aprimoramento de conquistas por outro.

Em 2011, dei o primeiro passo para aumentar minha influência: criei uma cadeia nacional de clínicas de EMDR em meu país.

Este livro é o segundo passo em direção a minha visão – de trazer informação relevante sobre EMDR ao público em geral e romper com mitos comuns sobre a psicoterapia.

Este livro inclui estudos de caso e exemplos. Alguns detalhes foram alterados, de modo a manter a privacidade e a confidencialidade de meus clientes. Entretanto, outros detalhes, incluindo o tempo que os clientes estiveram em processo terapêutico são reais.

Se você tiver quaisquer comentários sobre o livro, fique à vontade para contactar a autora (em inglês ou hebraico): tal@emdrexperts.com

No Brasil: info@traumaclinicedicoes.com.br
www.traumaclincedicoes.com.br

Depoimento:
"Eu estava numa fase muito difícil em minha vida pessoal. Eu havia me tornado mãe há pouco tempo, mas em vez de ficar feliz e me divertir com o bebê, como sempre havia imaginado que aconteceria, irritava-me com ele o tempo todo. Eu ficava com raiva, gritava e me impacientava; chorava o tempo todo e situações diárias tornavam-se obstáculos intransponíveis. Sentia-me incapaz de lidar com qualquer desafio. Eu não tinha mais energia para relacionar-me com meu marido e também ficava impaciente com ele. Discutia e explodia de raiva, às lágrimas, em intervalos regulares. Isso tudo era agravado por sentimentos insuportáveis de culpa, especialmente relacionados ao meu filho, que estava amarrado a uma mãe tão má. O único lugar onde eu conseguia manter uma aparência de sanidade era no trabalho, mas isso consumia muita energia e sentia-me esgotada.

Na primeira sessão com Tal, apenas contei minha história para ela. No final estava cansada e esgotada e perguntei-me se realmente

precisava daquilo. Na segunda sessão, começamos a trabalhar. Logo de saída já tive alguns insights bem importantes. Depois da sessão, continuei a me testar: Será que realmente acredito nessas conclusões? Essa mudança seria real, de dentro? As respostas vinham sempre afirmativas.

Comecei a perceber a influência do tratamento em casa – minha paciência gradativamente melhorou, conseguia gostar de ficar com meu filho e me senti muito mais competente. Na terceira sessão, continuamos o processo e trabalhei várias memórias e incidentes em uma única sessão. Logo depois, simplesmente senti que havia voltado a ser quem eu verdadeiramente era.

Em primeiro lugar, a culpa simplesmente desapareceu. Senti como se tivesse deixado para trás uns 10 kg de dificuldades. Senti-me mais viva e capaz mais uma vez de desfrutar as coisas simples da vida, desde o sorriso de meu filho ao abraço de meu marido. Até meu marido percebeu a mudança e sentiu que finalmente havia recuperado sua mulher. No fundo, senti-me completa comigo mesma e com quem eu era, com o tipo de mãe e esposa que eu era e com tudo o que fazia.

Após a terceira sessão, Tal e eu tivemos que parar, por causa das férias, mas eu já sabia ter alcançado meu objetivo, e sabia que simplesmente retornaria à quarta sessão para agradecer a Tal por ter mudado minha vida e por me devolver à pessoa que eu era mais uma vez.

É difícil descrever em palavras como uma mudança tão profunda pode ocorrer por meio de tão poucas sessões de terapia. É algo que soa irreal, mas admirável, voilà! Está aqui! Recomendo o tratamento com EMDR a qualquer um que experiencie dificuldades. Como terapeuta que também sou, mal posso esperar para aprender o método e espalhar a novidade".

Capítulo 1: O que é EMDR e como ele difere de outros métodos de tratamento psicológico que o precedem?

EMDR é a abreviação de Movimento Ocular, Dessensibilização e Reprocessamento (Eye Movement Desensitization and Reprocessing):

Dessensibilizar a intensidade da emoção sentida durante a recordação de um evento traumático; e

Reprocessar as memórias dos eventos traumáticos que não passaram pelo processo requerido em tempo real.

Os movimentos **oculares** foram usados originalmente para assegurar que os dois hemisférios do cérebro assumissem um papel ativo na prática do processamento (veja Capítulo 2 para saber como o EMDR funciona). Hoje em dia, instrumentos adicionais de apoio são usados, tais como fones de ouvido tocando sons intermitentemente nos dois lados do cérebro, ou equipamento que emite vibrações também intermitentes na palma da mão.

A abordagem foi desenvolvida pela Dra. Francine Shapiro, psicóloga americana, a partir de 1987.

Conforme já mencionado, o método foi originalmente usado para tratar eventos pós-traumáticos de veteranos de guerra americanos que lidavam com memórias traumáticas após a Guerra do Vietnam. Mais tarde, o método também foi usado em outras circunstâncias traumáticas. Já que o tratamento de eventos traumáticos é custeado principalmente por governos e por companhias de seguro que requerem prova definitiva de sua eficácia, a terapia de EMDR está entre um dos métodos psicológicos mais detalhadamente pesquisados, com resultados de muitos estudos que atestam sua eficácia em apenas poucas sessões. **Somente depois que o EMDR havia demonstrado repetidas vezes sua eficácia em casos complexos é que foi usado em situações menos difíceis.**

Lembre-se de que o EMDR é uma abordagem de terapia em todos os aspectos. Isso significa que somente terapeutas treinados em terapia de saúde mental (a maioria requerendo grau de Mestre como qualificação mínima, dependendo do país) e quem tiver sido especificamente treinado na prática do EMDR estão autorizados a tratar usando essa abordagem. O EMDR é reconhecido por associações profissionais de ponta, tais como a Associação de Psicologia Americana (American Psychological Association) e a Associação Psiquiátrica Americana (American Psychiatric Association).

Ainda assim, é diferente de todos os métodos psicológicos que o precedem.

Primeiramente, comparado a outros métodos tradicionais, normalmente apresenta maior eficácia (melhores resultados ou resultados equivalentes em menos tempo). Tais diferenças em duração de tratamento e em graus de eficácia não encontram precedente na história da psicoterapia.

Em segundo lugar, os modos de definir o problema, a possibilidade de tratá-lo e o foco da terapia são diferentes de todas as outras formas de psicoterapia. No EMDR, as crenças negativas, o sofrimento emocional e a "história interna que não avança" (o chamado paradigma no campo de desenvolvimento pessoal) não são o problema. Esses são os sintomas de uma experiência, ou experiências prévias de vida, que nossos cérebros não conseguiram processar em tempo real. Essas memórias não processadas são o problema.

Em algumas fases de nossas vidas, eventos ocorridos nos sobrecarregaram, seja porque não estávamos vivendo nosso melhor naquela época, seja por causa da gravidade do evento. Nosso cérebro foi "inundado" e não pode processar adequadamente o evento quando ele aconteceu. O resultado foi que as impressões do evento – pensamentos, sentimentos, sensações corporais, imagens e cheiros – foram mantidas não processadas, em sua forma bruta, pelo cérebro.

Quando um evento atual se conecta ao evento traumático do passado, serve como um disparador para ativação de conteúdos não processados. Esses conteúdos, que foram mantidos em seu estado bruto – pensamentos, sentimentos, emoções – emergem novamente nesse estado original. Em tal situação, sentimo-nos no presente do mesmo jeito como nos sentíamos no passado, quando o evento estava acontecendo.

Com o EMDR, localizamos as memórias traumáticas que são responsáveis por nosso estresse atual (no EMDR entendemos que essas conexões podem ser feitas muito rapidamente, estendendo-se normalmente de 1-3 sessões) e depois começamos a reprocessá-las.

Uma vez que o evento tenha sido reprocessado, novos eventos no presente não servirão como disparadores para os mesmos sentimentos que foram vividos no passado. As reações no presente deixam de ser o resultado de eventos não processados do passado. De acordo com as suposições básicas da terapia, quando o reprocessamento houver terminado, os sintomas das crenças negativas ou de emoções negativas internas que levam a sentimentos negativos desaparecerão. O tratamento com EMDR inclui uma abundância de *insights* e "fichas que caem" mas, diferentemente da maioria de outros métodos, o cliente alcança esses *insights* **por conta própria,** graças ao processo, e, tão importante quanto, ele o faz em muito pouco tempo.

No EMDR, não oferecemos ferramentas para lidar com o problema, mas, em vez disso, removemos o problema. Quando o problema é removido, os sintomas cessam de existir. Podemos ilustrar esse processo da seguinte forma:

Um homem estava caminhado pela margem de um rio. Enquanto caminhava, percebeu que havia pessoas se afogando na água, então começou a salvá-las. Ele continuou a salvá-las até que um dia se levantou e foi embora. Quando lhe perguntaram "Aonde você vai? Quem irá salvar todas essas pessoas se afogando?", o homem replicou "Vou ver quem os está jogando do alto da ponte".

Há métodos de terapia nos quais o princípio básico é o de criar uma conscientização de respostas, bem como dos disparadores que as promoveram. Lentamente, mas com toda a certeza, os clientes são ajudados a tomar consciência do fato de que não somente há "pessoas na água" (i.e., existe um problema que precisa ser resolvido), mas há também "alguém que as joga na água " (eventos passados).

Diferente métodos de terapia focalizam a mudança da resposta. Com esses métodos, os clientes aprendem a como "melhor ajudar as pessoas dentro d'água" (representando estresse ou inibições no presente) e a identificar mais rapidamente se alguém está prestes a se afogar. Portanto, esses métodos tentam aprimorar técnicas de natação para retirar rapidamente aquela pessoa de dentro da água, de modo que o tempo dentro d'água não seja muito prolongado – isto é os clientes conseguem ferramentas para lidar com os momentos em que se sentem perturbados. Por exemplo, o cliente que sofre de ansiedade ao fazer exames irá praticar técnicas de relaxamento quando ficar ansioso ou técnicas para afastar pensamentos causadores de ansiedade.

Em contraste, a abordagem da terapia com EMDR funciona na mudança do estímulo – de modo que a circunstância não mais irá provocar emoções negativas, para início de conversa. Não fornecemos as ferramentas, mas removemos o 'baderneiro' que jogou as pessoas do alto da ponte (enquanto trabalha usando um método focado, rápido e eficiente para neutralizar os efeitos dos eventos passados, de modo que sintomas não sejam ativados no presente).

Uma demonstração das diferenças entre métodos de tratamento de um tipo comum de ansiedade de desempenho, como ansiedade ao fazer exames:

A ansiedade ao fazer exames, em seu sentido mais estrito, é uma perturbação que aparece em estudantes quando submetidos a testes, seja oralmente, seja por escrito, conduzido por alguém em uma instituição educacional. Em seu sentido mais amplo, uma pessoa poderia experienciar tal ansiedade em entrevistas para um emprego, centros de avaliação, apresentações diante de uma platéia, ou mesmo durante o sexo. Portanto, aqueles que sobreviveram o tempo de escola e pensavam que haviam deixado essas ansiedades para trás, com frequência descobrem que não foi o caso.

Na terapia tradicional, o terapeuta, em parceria com o cliente, tenta encontrar a fonte da ansiedade. O foco é posto no passado. O cliente é ajudado a compreender como seus pais o pressionaram e como sua autoestima era baseada no atendimento dessas expectativas. Desse modo, no fim das contas, o cliente torna-se consciente das fontes de sua ansiedade. Infelizmente, a mera consciência não faz com que a ansiedade desapareça.

No método de *biofeedback*, clientes são auxiliados a adquirir ferramentas que monitorem a ansiedade, de modo que quando eles sentem que ela se aproxima, podem relaxar, usando métodos variados, como técnicas de respiração, etc.

Na Terapia Comportamental-Cognitiva (TCC), os clientes aprendem a discutir com os "pensamentos distorcidos", tais como o pensamento de que eles "têm que atender às expectativas", bem como a encontrar um jeito alternativo de pensar, a cada vez que a ansiedade se manifesta. A premissa é a de que por meio desse modo a ansiedade irá se desvanecer. Ao mesmo tempo, clientes são expostos a situações semelhantes àquelas de provas e exames, de modo que possam praticar antecipadamente.

Na terapia com EMDR, os clientes localizam os eventos chave que causaram essas sensações e fazem a conexão entre uma situação de exame e a ansiedade. Só então eles os reprocessam. Após processar as memórias dos eventos chave relacionados à fonte de ansiedade, a pessoa não se sentirá ansiosa com situações de exame no futuro. Isso significa que o cliente não irá recorrer a ferramentas para lidar com a ansiedade provocada pelo exame, como nos dois métodos previamente descritos, bem como não terá que fazer deveres de casa, como na Terapia Comportamental Cognitiva (TCC). Ao invés disso, passará por um processo rápido e focado que permitirá que as provas deixem de ser uma fonte de ansiedade.

Os aspectos exclusivos do EMDR podem ser resumidos na frase que ouvi de uma cliente com vinte e tantos anos, que havia se submetido a várias formas de terapia antes de começar o EMDR, e isso por quase 15 anos (!) sem de fato progredir. Para ela, o que não foi conseguido em 15 anos usando métodos tradicionais, tais como terapias psicodinâmicas e cognitivas, poderia ser conseguido com o EMDR em apenas alguns meses. Mais para o fim de nossas sessões em conjunto, ela me disse: "No passado, quando o terapeuta me dizia que algo que acontece comigo é por causa de meu passado, isso fazia com que eu ficasse ainda mais deprimida. O que é que eu poderia fazer a respeito de meu passado? Não tinha uma máquina do tempo ao meu dispor.

Hoje em dia, quando descubro que alguma coisa que me incomoda é por causa de meu passado, fico realmente contente, já que sei o que posso levar para a próxima sessão de terapia com EMDR, de modo que isso não vai mais me incomodar".

Para quem o tratamento é apropriado?

Como mencionado, originalmente o método foi desenvolvido para tratar de estresse pós-traumático. Os primeiros clientes eram veteranos da Guerra do Vietnam, bem como vítimas de abuso sexual. As descobertas foram bem diferentes das descobertas de métodos anteriores de tratamento: as pessoas que haviam sofrido por anos e décadas, algumas delas fazendo terapias que não ajudavam em nada, recuperavam-se de sintomas de pós-trauma em poucas sessões. Antes disso, pós-trauma era considerado um transtorno continuado e crônico.

Depois de ser reiteradamente considerado eficaz, o EMDR expandiu-se em três direções diferentes:

Primeiro, para **pessoas cujo transtorno era menos severo do que o de pós-trauma**. Por exemplo, pessoas com sofrimento por ansiedade, depressão, fobias, crises de vida, tais como: divórcio, dificuldades em estabelecer relações íntimas, baixa autoestima, etc.

Segundo, para **pessoas que desejavam aprimorar conquistas em várias áreas**. O EMDR foi considerado eficaz no aprimoramento de desempenho acadêmico, incluindo tratamento de ansiedade de provas, no trabalho com atletas antes de competições ou durante recuperação de um ferimento, no trabalho com profissionais de desempenho, como músicos e atores, homens de negócios, administração de crises de negócios e remoção de inibições internas ao crescimento pessoal e profissional.

Terceiro, para **pessoas com transtornos mentais e emocionais graves**, tais como sofrimento por dependência química, transtornos psiquiátricos graves, como por exemplo os transtornos bipolar e esquizofrenia, transtornos dissociativos e mesmo pessoas com retardo mental que sofreram trauma. Nesses casos, o tratamento com EMDR podia ser associado, preferencialmente, com terapia processual. Este livro irá focar os dois primeiros grupos.

Para quais idades o EMDR seria apropriado?

O EMDR pode ser usado no tratamento de crianças para as quais se constatou que o tratamento funciona ainda mais rapidamente, quando comparado com adultos. Em idade precoce, o tratamento é feito na presença dos pais.

Ninguém é velho demais para terapia com EMDR, desde que o indivíduo tenha a habilidade para lidar com suas dificuldades (*coping*). Tenho experiência pessoal no tratamento de clientes com 70 e tantos anos e já ouvi falar de colegas de outros países e em Israel sobre o sucesso da terapia com EMDR com pessoas acima de 80 ou 90 anos.

Resumo: Em que tipos de situações o EMDR é útil?

Eliminando obstáculos internos para conseguir o melhor de si mesmo: atletas que tentam aprimorar seus resultados de desempenho antes de uma grande corrida; estudantes que se preparam para determinados exames, como o SAT (exame para admissão em universidades nos EUA) etc; artistas antes de apresentações e audições; executivos tentando melhorar suas habilidades para apresentações profissionais, para negociações bem-sucedidas e para melhorar a autovalorização antes de pedir um aumento salarial no trabalho.

Lidando com crises de vida, tais como: traição, divórcio, desemprego, trauma de parto etc.

Mudança de padrões comportamentais repetitivos, tais como: dificuldade de estabelecer relacionamentos íntimos, tomadas de decisão equivocadas e recorrentes, ataques de raiva, etc.

Lidando com ansiedade e fobias, tais como: medo de falar em público, ansiedade de desempenho, ansiedade de dirigir, medo de cachorros, fobia de dentista, pesadelos recorrentes, etc.

Lidando com eventos traumáticos, tais como: abuso sexual, espancamento, acidentes automobilísticos, ataques terroristas, morte de um ente querido, etc.

Sofrimento ou inibições podem ser resultantes de problemas médicos ou bioquímicos, e/ou o resultado de experiências de vida que foram vividas no passado, ou são vividas ainda hoje. **Quando falamos de sofrimento mental ou de inibição interna causada por experiências de vida, a terapia com EMDR pode ser útil.**
Como é que o EMDR pode ser usado para tratar de tantos tipos de problemas?
Apesar, é claro, das diferenças nos detalhes, os mecanismos neuropsicogênicos que causam estresse no presente por causa dos eventos no passado são em sua maioria os mesmos. No EMDR, não é atribuição do terapeuta coçar a barba, fazer comentários, ou ainda dar conselhos baseados em experiência pessoal. Seu trabalho é o de ajudar seu cliente a completar o processamento de eventos que estão no âmago da inibição atual ou do estresse. Os detalhes vêm do cliente, não do terapeuta. Explicarei mais sobre isso no próximo capítulo.

Depoimento:
    Sou casada, 40 anos, com quatro filhos. Vivo em um vilarejo com minha família. Trabalho e crio meus filhos com satisfação, cercada por familiares e por amigos; tento sempre me atualizar. Há dois anos dei à luz ao meu filho caçula; uma quarta gestação iniciada com a tranquilidade de uma mãe que já havia passado por três gestações e pensava saber de tudo.
    Na 24ª semana, no meio de umas férias com a família, comecei a sentir contrações e tive que ficar deitada por muito tempo... foram semanas de cama, preocupada com o pequeno bebê dentro de mim. Fazia cálculos diários e me mantinha sempre preocupada com seu peso, suas chances de sobrevivência, seus defeitos de nascimento e outras preocupações e ansiedades infindáveis.
    No primeiro dia da 36ª semana, um bebê saudável de 2,7 Kg nasceu em um parto rápido e emocionante. Pela primeira vez em meses respirei um suspiro de alívio e carreguei meu bebê. Foram tantos os momentos de medo de que não veria nunca esse dia. Mas... minha felicidade foi prematura e de curta-duração. Duas horas após o nascimento, quando eu estava em meu quarto, feliz que o pesadelo havia passado, meu quadro clínico começou a piorar. Parecia que eu estava em

uma montanha russa, caindo rapidamente em um abismo profundo e escuro.

Seguiram-se dez dias de UTI. Flutuei entre a vida e a morte. Enquanto olhava nos olhos de meu marido, ficava preocupava com a possibilidade de que ele tivesse que criar quatro órfãos por conta própria. Tentei não deixar o medo tomar conta de mim. Lutei por cada respiração, entre a consciência e a neblina, lutando para escolher a vida com todas as minhas forças. Implorei para segurar o bebê por quem eu lutara tão duramente para dar vida. Eu precisava tocá-lo para recuperar minhas forças e lutar, para não desistir e me manter viva. Olhei nos olhos da médica da UTI e vi desamparo. Os olhos dela diziam: 'Já tentamos de tudo, o desespero começa a tomar conta'. Quando percebi que aquele seria o fim, mergulhei em um buraco negro... a doutora, as forças divinas, minha vontade de viver ou todos esses combinados... e no minuto em que toda a esperança se acabara, eu retornei à vida.

Após alguns dias a mais de recuperação no hospital, implorei para vir para casa, para a família, perto da qual eu queria tão desesperadamente ficar perto.

Cansada, fisicamente enfraquecida, mas uma mãe tigresa, retomei minhas tarefas imediatamente. Amamentava, cozinhava e administrava a casa – meu reinado de mãe de quatro filhos. Não parei para pensar, sentir ou falar sobre o que havia acontecido. Eu era 'mãe Terra', com uma máscara sorridente, correndo para frente. Tudo o que havia ocorrido na terapia intensiva ficou armazenado em uma caixa selada, guardada no fundo de minha mente.

Dois anos se passaram e, na aparência, tudo voltou ao seu normal. Voltei rapidamente ao trabalho, as crianças cresceram e o bebê super docinho já estava correndo pela casa.

Em um dia claro, me vi ante um ataque terrorista. Um medo repentino da morte (literalmente) se apossou de mim e não me soltou mais. O corpo tremia, ficava descontrolada, banhada em lágrimas, sentindo-me desamparada. O corpo ficava mole, incapaz de lidar com a situação. Eu apenas chorava, chorava e chorava. Eu, a invencível, não conseguia entender o que estava acontecendo.

Eu não estava ferida, mas tomada por uma sensação forte de morte. Minhas noites eram cheias de pesadelos. Às vezes eu acordava no meio da noite sentindo-me sufocada, sentindo-me prestes a morrer. Eu não conseguia funcionar; queria que alguém levasse as crianças para poder ficar sozinha.

Após alguns dias, uma amiga veio visitar-me, deu-me um forte abraço, olhou-me bem dentro dos olhos e disse, "Querida, você está sofrendo de estresse pós-traumático por causa do parto". A bomba foi apenas um catalisador que fez com que o trauma do parto ressurgisse.

Minha amiga querida indicou-me a Tal Croitoru, uma terapeuta de EMDR especializada em estresse pós-traumático. Eu não conhecia o método, não achava que isso que eu sentia fosse TEPT ou que eu precisasse de terapia. Eu achava que minha reação era natural e proporcional à situação em que eu me encontrava. Se eu tivesse dado mais dois passos, poderia ter ficado seriamente ferida.

Mas marcamos uma sessão e fique sem graça de cancelá-la (também encontramos mais tarde tempo para tratar desses sentimentos). Na primeira sessão, eu botei toda minha história para fora como uma metralhadora. Passo a passo: o que eu passei durante o repouso forçado na cama, os medos e preocupações com o bebê, o nascimento e as complicações que se seguiram. Eu falei como uma enxurrada (a história que ninguém havia ouvido por inteiro até então), enquanto Tal ficou sentada e ouvia atentamente. Ao fim da primeira sessão, disse a Tal que iria viajar ao exterior por um tempo e tinha apenas duas semanas para dedicar-me à terapia. Tal disse que isso não era o problema. Ela me disse que com o EMDR você pode tratar e resolver estresse pós-traumático muito rapidamente. Seriam necessárias sessões frequentes (quase todo dia, às vezes por duas horas). Eu fiquei muito cética – quem consegue curar TEPT em duas semanas?!

Encontramo-nos no dia seguinte: eu, Tal e meu ceticismo.

Tal me deu os sensores táteis para segurar e comecei a contar sobre a gravidez e o parto desde o início. Eu não conseguia controlar meus pensamentos, à medida que eles esguichavam para fora. No início, eu realmente lutei contra eles. Eu queria que eles fossem para onde eu pensava ser correto, mas o corpo é sábio e os pensamentos sabem aonde eles devem ir. Tal percebeu meu desconforto e sorriu: "Mesmo se você pensar que deseja um sanduíche de abacate, apenas observe e siga com isso...", então os pensamentos continuaram a fluir até que, de repente, eles deram uma freada brusca, devido a uma situação difícil (que eu sequer me lembrava). Tal fez perguntas (sobre essa dificuldade) e novamente eu pensei a respeito. Tal tentou avaliar o quanto isso me perturbava e, para minha surpresa, a situação traumática que até então havia sido intocável, repentinamente me perturbava menos. Mais uma vez, Tal não deixou isso passar em branco e começou a me instruir.

Comecei a reviver o momento com os dois sensores em minhas mãos e uma mente em velocidade incontrolavelmente desabalada... De repente, minuto a minuto, senti a dureza e a dor se dissolverem como um bloco de gelo. Seguimos adiante para tratar de outro momento difícil e novamente, com auxílio das perguntas de Tal, minha mente disparou entre ser incapaz de tocar a sentir como se fosse algo que eu pudesse conter. Depois de umas 4 a 5 sessões senti como se o trauma grave tivesse ficado para trás. Agora eu estava livre para trabalhar meus padrões de comportamento e outras coisas que eram difíceis para mim. Os sentimentos profundos de morte, a inabilidade para respirar e outros momentos específicos dos últimos dois anos com os quais havia sido incapaz de lidar ou sequer me lembrar, eram agora toleráveis.

Deparei-me com a situação de poder sentar com minha mãe e minha irmã pela primeira vez, sem chorar, descrevendo para elas os detalhes do que havia acontecido. Eu sentia essas coisas, mas agora eu conseguia contê-las.

Durante a terapia, dei-me conta do quão inconsciente eu estava da raiva em relação ao bebê que eu desejara tanto. De repente percebi que subconscientemente eu poderia ter morrido por causa de seu nascimento e teria deixado minha família preciosa sem uma mãe. Eu não me lembro se cheguei a segurar meu filho após o nascimento e isso me partiu ao meio. Tal levou-me de volta àquele momento mágico e de repente eu estava lá novamente. Eu conseguia ver claramente meu bebê chegando ao mundo e o momento quando o médico o segurou e me entregou. O sentimento de felicidade me inundou e me permitiu experienciar o vínculo e o apego ao meu bebê, algo que eu havia perdido por causa do desenrolar dos acontecimentos.

Foram dez dias de tratamento intensivo praticamente todos os dias; um tratamento exaustivo e chocante, no qual pouco se falava. A maior parte do tempo eu estava conectada comigo mesma, segurando os pulsores em minhas mãos, com minha mente brincando pelos eventos. Eu literalmente vi momento a momento, e coisas que eu até então não me lembrava foram surgindo. Experienciei pensamentos rápidos e incontroláveis e um retorno poderoso à situação anterior, com tal intensidade que eu conseguia vê-la, senti-la e cheirá-la. Um segundo mais tarde, a Tal, sem saber o que se passava em minha mente, pediu-me para parar onde era difícil e me pediu para avaliar essa dificuldade numa escala de 0-10. Então ela me levou de volta à situação, até que tudo se desvaneceu.

Parece irreal, mas depois de apenas três sessões, o sentimento de alívio era enorme. De repente comecei a me sentir fisicamente mais leve. Eu me dei conta de que o bloqueio de ansiedade estava preso em minha alma e não me deixava desfrutar completamente as coisas da vida, especialmente minha criança linda.

Terminei a terapia e fui feliz da vida para a viagem que havia planejado, carregando minha criança querida e incrivelmente grata à minha amiga que insistira para que eu buscasse ajuda.

Não tenho dúvida de que teria passado anos em uma terapia tradicional, semana após semana, recontando os medos e ansiedades sem uma solução. Aqui, em menos de duas semanas, o trauma foi de um monstro que eu não tinha coragem de despertar para uma situação difícil que eu conseguia conter, e uma que não tomava conta de minha vida ou interferia em minha vida diária. À noite não vejo mais imagens minhas deixando esta vida. Não desperto no meio da noite com dificuldade para respirar. Agora consigo falar sobre a experiência sobre a qual passei sem chorar. E mais importante de tudo, não estou minimamente com raiva de meu bebê. Fico feliz por ter engravidado e dado à luz. Minha família querida tem uma mãe que se recuperou graças ao breve tratamento".

Capítulo 2: Como o EMDR funciona?

Por que algo que aconteceu no passado, mesmo no passado distante, ainda nos incomoda?

Temos vários mecanismos fisiológicos, em nossos corpos, cujo trabalho é nos conduzir ao caminho da saúde e da recuperação. Se há um corte ou fratura no corpo, ele trabalha para curá-los. De modo semelhante, quando passamos por uma perturbação emocional, nosso cérebro tenta trabalhar para processar a experiência – durante as horas em que estamos despertos ou adormecidos.

Quando certos eventos que excedem nossa capacidade de tolerância ocorrem – porque o evento é muito poderoso ou porque fomos fracos demais (devido a atraso no sono, doenças), ou ainda porque nos sentimos desamparados (como acontece quando somos jovens) – nosso cérebro não consegue completar o processamento do evento em tempo real.

Isso faz com que o incidente seja armazenado em nossa memória de um modo não processado – em estado bruto – com as imagens, cheiros, vozes, sentimentos, pensamentos e sensações físicas do momento em que o incidente aconteceu. Memórias armazenadas nesse estado bruto são mantidas separadas da rede geral de memória, em um tipo de "cápsula" isolada, que não tem acesso a memórias anteriores ou posteriores.

Portanto, a não ser que uma intervenção externa ocorra, não importa o que aconteceu ou irá acontecer mais tarde, o conteúdo da "cápsula" que contém a memória em seu estado bruto não irá se alterar. Cada vez que um estímulo externo no presente toca o conteúdo na cápsula, o conteúdo pode ser revivido – em sua forma bruta – e sentimos emoções do passado no presente, com uma intensidade desproporcional aos eventos do presente.

O exemplo clássico é o de trauma de guerra: Quando uma porta bate, o barulho pode soar como disparos de arma de fogo. O homem com trauma de guerra poderia sentir-se como se estivesse novamente no campo de batalha, juntamente com as imagens, os sentimentos e os pensamentos relacionados a esses eventos passados. Isso ocorre, apesar do fato de a pessoa saber cognitivamente, e sem sombra de dúvida, que a guerra acabou e anos se passaram desde aquele evento, etc.

A maioria das pessoas não sofre de TEPT, mas ainda assim elas definitivamente têm memórias de eventos traumáticos que atuam em situações posteriores, de um jeito que não as põem para frente, mas sim que as machuca. Vemos situações, tais como: Um adulto que tenha muito medo de um pequeno cachorro (porque o conteúdo da cápsula – um cachorro mordendo-o aos quatro anos de idade - entra em ação), um oficial superior que perde sua autoridade sobre outros oficiais de menor patente (porque o conteúdo da cápsula contém um período em sua vida quando ele era mais fraco), pessoas ricas que ainda se sentem pobres (devido ao conteúdo da cápsula referente a um período anterior), medo de dirigir (o acidente de carro armazenado na cápsula), medo de voar (cápsula do voo que passou por turbulências), medo de falar em público (cápsula daquele incidente na escola de ensino fundamental), desconforto quando passa diante de um restaurante específico (cápsula com as memórias do "ex", com quem frequentemente jantávamos naquele lugar), hesitação na hora de pedir por um aumento salarial/promoção (cápsulas de eventos prévios de não se sentir "bom o suficiente"), falta de confiança em contatos sociais (cápsula de se sentir excluído na escolinha), ou falta de auto-confiança em relacionamentos íntimos (cápsula daqueles que me machucaram quando confiei neles), etc.

Em outras palavras, cada vez que um incidente nos sobrecarrega emocionalmente de um jeito que nosso cérebro não consegue processar o incidente em tempo real, enquanto está acontecendo, ou algo próximo disso, uma cápsula se forma com um pedaço de nós preso ao incidente, de modo que volta e meia revivemos o incidente. Isso não tem nada a ver com lógica, já que a lógica está na rede de memória adaptativa, à qual a memória traumática não tem acesso. Podemos nos dizer repetidas vezes que o evento já passou e está no passado, que já não faz mais parte de nossas vidas. De fato não faz parte há anos e por isso mesmo não deveria nos afetar mais. No entanto, ele não é acessível ao conteúdo da cápsula, porque está armazenado em uma rede de memória separada. É desse jeito que as pessoas que vão para terapia por anos podem passar sessões infindáveis chorando sobre os mesmos incidentes dolorosos repetidas vezes (já que o filme que passa na cápsula é doloroso), etc.

Um bom exemplo do que estamos falando, um que me apareceu no consultório foi o caso da Nina, cujo filho havia nascido prematuro há vários anos. Quando ela foi ver seu filho na unidade de neonatologia, ficou apavorada ao ver os médicos aplicando os primeiros socorros nele. Apesar de muitas tentativas, ela não foi autorizada a se aproximar dele e foi afastada, com o argumento de que sua presença só atrapalharia os esforços de primeiros socorros. Ela passou as horas seguintes sozinha, fora da unidade, submersa em medo intenso e ansiedade. Do jeito como ela via as coisas, seu filho estava morrendo ou à beira da morte, e ela agiu de acordo com a situação. Essas eram as memórias do incidente, trancafiado em uma cápsula separada de memória.

Duas horas mais tarde, ela recebeu permissão para entrar na unidade e descobriu que houvera um mal entendido. O bebê que recebia procedimentos de ressuscitação não era, no final das contas, filho dela! Seu filho gozava de boa saúde e recebeu alta do hospital algumas horas mais tarde. Seu desenvolvimento também foi satisfatório.

De acordo com essa experiência tão perturbadora, o evento traumático daquelas duas horas do lado de fora da unidade de neonatologia foi armazenado em uma "cápsula", que ficou separada da rede de memória geral da Nina. Portanto, o incidente da vida de seu filho estar em perigo permaneceu uma memória vívida, apesar de ter sido um equívoco absoluto, apenas percebido mais tarde. Quando começamos a trabalhar com a memória, Nina categorizou o grau de perturbação no presente em relação a essa memória como um 10, o grau máximo. Essa escala de 0-10 na terapia é chamada de Unidades Subjetivas de Perturbação (SUDS), e também é usada mais adiante no tratamento para se medir níveis de melhora. Mesmo não tendo sido o filho dela, a memória a perturbava no mais alto grau. Até mesmo antes do fim da primeira hora de terapia, após ter incorporado conteúdo de sua rede geral de memória dentro da cápsula de evento bruto, Nina categorizou a perturbação como 0, significando que a memória não mais disparava quaisquer sentimentos negativos.

Diferentes cápsulas com características similares podem agrupar-se para formar um tema comum, compostas por pensamentos tais como: "não sou boa o suficiente" ou "devo estar incomodando". Lidar com tal tema durante a terapia é como tentar livrar-se de um enorme bloco de gelo. Você não tenta derretê-lo de uma só vez, mas corta um pedaço e o derrete, seguido de outro. Assim, de pedaço em pedaço os cubos de gelo se derretem. Esse é o motivo pelo qual o subtítulo deste livro é: *Mude Sua Vida, Uma Memória de Cada Vez*. O trabalho sistemático minimiza a influência do tema e pode até mesmo fazer com que ele desapareça completamente.

Na terapia com EMDR, a história clínica é colhida em aproximadamente 1-3 sessões, com uma ênfase na história de "cápsulas" relevantes para o que incomoda o cliente – sofrimento/inibição/vivência parcial do potencial da pessoa no presente. Depois, asseguramo-nos de que o cliente tenha recursos suficientes para processá-las e, se for o caso, começar o trabalho imediatamente. Caso contrário, primeiro nós o equipamos com recursos suficientes e somente mais tarde é que começamos a completar sistematicamente o processamento do material bruto encontrado nessas "cápsulas", que são separadas da rede geral de memória.

Cada cápsula é alcançada por quatro canais diferentes: o **canal sensorial** (em sua maioria visual, mas às vezes o olfato e/ou audição), o **canal emocional**, o **canal cognitivo** (quais crenças negativas são associadas com a memória e quais crenças positivas o cliente gostaria que fossem associadas com a memória, uma vez que o processamento tenha sido finalizado. No apêndice G, você pode encontrar uma lista das crenças negativas e positivas mais comuns), bem como o canal de **sensações físicas/corporais**.

O conteúdo traumático bruto inclui, em vários casos, as sensações corporais sentidas na época em que o evento ocorreu. Portanto, enquanto se trabalha com uma memória de um ferimento, pode-se sentir novamente a dor física que afetou aquela parte do corpo, mas ela desaparecerá pouco depois da finalização do processamento. Por exemplo, enquanto trabalhei com um cliente com ferimentos auto-inflingidos, as dores nas cicatrizes dos velhos ferimentos reapareceram. Enquanto trabalhava com um homem ferido no exército, a dor do ferimento voltou.

É comum que um cliente experiencie dor em uma parte afetada do corpo, mesmo anos após o ferimento, devido ao canal de sensações físicas. Um exemplo disso é a "dor de membro fantasma", que aparece em pacientes que, a despeito de terem perdido um membro, ainda sentem a dor. Por exemplo, uma pessoa pode sentir uma dor intensa em sua perna, apesar da perda do membro. Esse fenômeno é tratado como puramente médico. Entretanto, em anos recentes, vários pesquisadores obtiveram sucesso ao tratar tais dores com EMDR. Com o processamento da memória traumática, a dor física conectada a essa memória, que se manteve em contínua "repetição", enquanto era armazenada em uma área separada no cérebro como uma memória traumática, desapareceu.

Mais de uma vez, pessoas cometem o erro de pensar que as memórias relevantes para a terapia são eventos que as assombram diariamente de forma consciente, tais como pesadelos recorrentes de um incidente específico. Entretanto, eventos relevantes não precisam ter essa característica. Em outras palavras, esses são incidentes dos quais o cliente pode lembrar-se, mas pode não estar consciente dos efeitos em sua vida. Por exemplo, uma cliente diz: "Sim, ela me empurrou e me chamou de judia suja, mas eu tinha oito anos, agora eu tenho 40 e vivo em Israel. Eu não acho que isso ainda me incomode." Mas, conforme mencionado antes, a memória traumática fica armazenada em uma cápsula separada e não funciona conforme as leis usuais da lógica. Portanto, o modo de quantificar o impacto no cliente no presente não será por meio do conhecimento e da lógica, mas principalmente pelas sensações que surgem quando a memória é "tocada". São as sensações que medimos quando utilizamos o SUDS. Quando tocamos a memória dela, o SUDS estava em 8. Se tivermos que nos referir a essa memória com base na importância atribuída inicialmente pela cliente, perderíamos sua enorme contribuição para as sensações sentidas hoje, bem como perderíamos a oportunidade de processá-la, consequentemente melhorando o estado emocional dela.

Apesar do fato de que, em um primeiro momento, o cliente não perceba, o impacto de determinada memória que recebe uma avaliação de SUDS acima de 3 ou 4 quando mobilizada significa que essa memória ainda afeta o cliente no presente. À medida que o processamento ocorre e a influência do evento fica mais clara, o cliente pode ver seus efeitos em diferentes aspectos de sua vida. Ouço testemunhos de clientes que sentiram ser a memória passada algo insignificante no começo, mas depois dizem coisas como: "Isso realmente me faz relembrar o que está acontecendo comigo hoje. Eu não percebi isso antes".

Dois mecanismos contribuem para o processamento que ocorre durante a terapia. O primeiro guia a concentração em dois canais paralelos – "passado" e "agora". O segundo trabalha de tal modo que garantirá a participação de ambos os hemisférios do cérebro no processo.

A fim de assegurar que ambos os hemisférios façam parte do processo, é necessário usar um estímulo que funcione em ambas as partes do corpo e, por conseguinte, em ambas as partes do cérebro. Isso pode ser conseguido usando-se vários métodos, tais como tocar sons diferentes intermitentemente nos ouvidos direito e esquerdo; seguir um objeto se movendo da direita para a esquerda, etc. Normalmente utilizo um aparelho composto por dois pequenos sensores que a pessoa segura na mão e que podem vibrar. Às vezes um cliente chega e relata um sentimento de desconforto emocional no peito, mas não sabe porque. Peço para que ele pegue os dois objetos vibradores e depois de algumas sequências de estímulos ele sabe do que se trata, porque o estímulo bilateral ajuda a conectar o hemisfério da sensação física com o hemisfério da cognição.

Durante o processamento, o cliente é instruído a deixar que sua mente o conduza, de modo que ele apenas observe o que acontece e não tente controlar. As associações relacionadas ao evento processado podem levá-lo adiante no tempo ou ao passado, para diferentes aspectos da memória, para detalhes adicionais do evento dos quais ele não se lembrava ou para informação de diferentes canais – incluindo o cognitivo, o emocional, o sensorial e o físico. De um jeito ou de outro, solicita-se que o cliente assista ao que acontece como um espectador, sem controlar ou julgar se as associações são relevantes.

Em muitos casos, o cliente percebe o surgimento de associações não relacionadas ao incidente, mas somente mais tarde é que a conexão se torna aparente. Isso ocorreu quando eu estava trabalhando com um cliente jovem que sofria de baixa autoestima. Em uma de nossas sessões, perguntei o que ele havia notado em relação à sequência de estímulos anterior. Ele respondeu, "Algo nada a ver. De repente vi uma cortina enorme com uma bicicleta em cima". Pedi para que ele não julgasse as associações, mas apenas as percebesse. Na sequência seguida, ele recordou-se de um incidente ocorrido quando tinha quatro anos de idade. Ele e a irmã mais nova ganharam uma bicicleta. Enquanto ela conseguia pedalar com facilidade, ele não conseguiu e caiu no chão. Ele se lembrou de como membros de sua família riram dele e, a partir desse ponto, o caminho para a baixa autoestima foi curto.

É importante saber que a mudança no SUDS não é unidirecional ao longo do processo. Enquanto trabalhamos com processamento de memória, a escala SUD relatada pelo cliente pode subir ou pode baixar. Desde que haja mudança, o trabalho deve continuar. No caso de um cliente não perceber qualquer mudança, o terapeuta guia o cliente em uma nova direção que possa completar o processamento de modo mais preciso. Em muitos casos, a ausência de mudança, a despeito da mudança de direções, indica que a memória errada está sob processamento. Isso significa que essa memória tem origem em uma memória ainda mais antiga que precisa ser processada primeiro. Essa é chamada de 'memória alimentadora', quando uma memória mais antiga é a base da memória mais recente. Depois de completar o processamento de um evento, o SUDS desce a 0 ou perto de 0, a memória se conecta a crenças positivas de 7 ou perto de 7 em uma escada de 1-7, e o corpo fica relaxado.

De vez em quando, eu me deparo com um caso em que o SUDS desceu na sessão anterior, mas subiu na sessão seguinte. Isso poderia normalmente indicar duas possibilidades: a primeira é que há outro aspecto ativo na memória que precisa ser trabalhado. Por exemplo, o ponto referente ao sentimento de vergonha fica completo, mas o relativo à raiva ainda precisa ser elaborado. A segunda possibilidade é, conforme previamente mencionado, que há uma necessidade de localizar e reprocessar uma memória mais antiga. Na maioria dos casos, após completar o processamento e o SUDS da memória baixar a 0, essa memória deverá permanecer baixa para sempre e não irá perturbar o cliente no futuro.

Depoimento:

"Sento-me e tento pensar em que o tratamento mais me beneficiou... tentando especificar as diferentes áreas em minha vida que foram modificadas graças à terapia... e acho difícil, não porque as coisas não mudaram... ao contrário... porque tanto se modificou.

Eu estava fazendo uma terapia "regular" antes e embora a tivesse considerado bem eficaz e sentisse que havia me beneficiado muito dela, este método provocou uma experiência muito diferente. Acho que a questão principal para mim foi a facilidade com que eu via os resultados começarem a acontecer na vida diária, em um processo que quase nunca vinha de uma posição de pensamento (ex. "Estou em determinada situação agora... devo fazer isso e aquilo...") mas de um lugar quase automático. Eu às vezes sentia como se tivesse mudado os circuitos de minha cabeça. Os eventos que no passado me deixavam abalado simplesmente não me afetavam mais e perdiam seu poder sobre mim.

Vim para terapia com um propósito específico, mas rapidamente entendi que os eventos que haviam me impulsionado a fazer terapia estavam relacionados a outros eventos mais antigos, sobre os quais eu sequer tinha consciência. Foi-me explicado que esses eventos, mesmo os ocorridos anos mais tarde, poderiam fazer com que eu agisse e reagisse de certo modo por causa de seu status ativo e por não terem sido processados apropriadamente. O "retorno" a esses eventos, a partir de uma perspectiva muito clara e de um sistema de processamento e reabsorção (isso soa como algo longo e cansativo, mas às vezes acontece em um instante, como se uma luz fosse repentinamente acesa em um quarto e as coisas passam a aparentar de modo completamente diferente), que fez com que as coisas descansassem em seus devidos lugares e parassem de me controlar. Eu literalmente me lembro de finalizar uma sessão e deixá-la com um sentimento de 'O que? Como é que pode ser tão simples?!' E a resposta é SIM. Para mim foi simples assim!".

Protocolo de EMDR – O que acontece no consultório

O plano de trabalho com EMDR focaliza três períodos de tempo:

A. Incidentes passados que estão armazenados de forma não processada e por isso mesmo criaram o problema.

B. Os sintomas e efeitos dessas memórias no presente – disparadores atuais.

C. O futuro desejado no campo que se encontra sob nosso exame.

O processo é detalhado em um protocolo constituído de oito passos:

1. História-clínica. História prévia e "cápsulas" – localizando as memórias traumáticas que ainda influenciam o cliente no presente, memórias sobre as quais o programa de tratamento se baseia. Além disso, dados são coletados em relação aos sintomas presentes e disparadores, objetivos desejados e recursos de ajustamento (*coping*).

2. Preparação. O conteúdo e a duração da etapa de preparação muda de pessoa para pessoa, dependendo da causa do encaminhamento e da habilidade para lidar com dificuldades. Para alguns clientes, os primeiros dois estágios levam 30 minutos; para outros que passaram por um trauma grave ou por um conjunto de eventos com um impacto cumulativo, é necessário um período mais longo de preparação. Em alguns casos raros, tais como dependência química grave ou transtornos dissociativos, esses estágios podem durar semanas ou meses.

Durante o estágio de preparação, o terapeuta explica ao cliente os elementos básicos do EMDR, como será a terapia e também se assegura que o cliente tenha os recursos suficientes para lidar com essas dificuldades de forma a ajudá-lo a completar o processamento de eventos. No caso de pessoas com alto funcionamento (trabalho/aprendizagem, vivendo suas vidas diárias e não ficando à toa), este é normalmente um sinal de que há recursos suficientes para permitir ao cliente ser capaz de processar. A terapia pode-se iniciar em seguida. Se a pessoa estiver fragilizada e não conseguir funcionar, deve-se focar na estruturação dos recursos necessário para lidar com as dificuldades até que ela possa começar o processamento.

3. Avaliação. É coletada a informação relacionada ao evento que seja o foco da terapia neste estágio do programa de tratamento. Esses detalhes incluem uma imagem que represente o canal sensorial e visual da memória, palavras negativas que a acompanham, palavras positivas com as quais o cliente poderia se conectar após o evento ser processado, o quanto as palavras positivas desejadas se ajustam de agora em diante à memória (em uma escala de 1-7), que emoções vêm à tona quando confrontado com a memória, o quanto a memória perturba o cliente quando é evocada (em uma escala de 0 a 10 – Essas são as medidas conhecidas como Unidades Subjetivas de Perturbação (SUD), mencionado antes, e onde no corpo a pessoa sente a memória, ou parte dela.

4. Dessensibilização. Neste estágio, é feita a finalização do reprocessamento do evento, enquanto ambos hemisférios do cérebro são ativados alternadamente (isso feito por movimentos oculares, sons alternados ou toques alternados). O estágio de dessensibilização dura até que o SUDS caia a 0 ou perto de 0. Em outras palavras, até que a memória não cause mais perturbação no canal emocional. Esse passo não ocorre por meio de conversa, mas consiste de pequenas sequências de reprocessamento em silêncio, durante as quais o cérebro do cliente tem outra oportunidade de reprocessar a memória que não pôde ser completamente processada quando o evento traumático ocorreu, bem como de estimulação bilateral do cérebro, seguida de breves relatos ao terapeuta. O cliente permanece completamente desperto durante todo o procedimento. O papel do terapeuta nessa fase é propiciar as melhores condições para o reprocessamento. O terapeuta tenta intervir o mínimo necessário, desde que o reprocessamento flua. Caso emperre, o terapeuta intervém para que ele retome o fluxo. O modo como essa fase é experienciada pelos clientes é diferente de pessoa para pessoa, dependendo da forma com a qual os seus cérebros estão habituados a lidar com questões difíceis. Algumas pessoas experienciam esse passo como próximo a um "sonhar acordado", com metáforas visuais. Outras experienciam predominantemente mudanças emocionais relativas a novas perspectivas, ao passo que outras experienciam o processo como uma fileira de *insights*, caindo um após o outro.

5. Instalação. Neste estágio, verificamos a finalização do processamento no canal cognitivo, usando as palavras positivas desejadas. Isso significa que, ao fim do processo de instalação, há elevado grau de sincronização entre a memória do incidente e as palavras positivas (com o objetivo de se alcançar 7, ou próximo disso, em uma escala de 1-7).

6. Escaneamento corporal. Neste estágio, nos asseguramos de que não haja resíduo da memória remanescente se expressando no canal somático das funções corporais. Caso ainda haja traços de tal resíduo, continuamos com o processamento até que eles desapareçam.

7. Finalizando o processamento ou finalizando a sessão. Isso significa instruir o cliente sobre como perceber o que acontece depois da sessão e como relatar esse processo ao terapeuta na sessão seguinte.

8. Reavaliação. Este estágio ocorre durante a sessão seguinte ou as sessões subsequentes, usando-se a escala SUD para o evento alvo, acrescido de breve relato referente ao impacto do processamento prévio na vida diária da pessoa. Esse procedimento é posto em prática para assegurar ao terapeuta de que o processo de fato tenha sido completado e que não haja necessidade de processar aspectos adicionais dessa memória alvo.

As memórias que trabalhamos vêm de onde?

Quando falamos sobre incidentes extremos e conspícuos que estão no âmago do desconforto, há pouca dificuldade em localizá-los. Entretanto, ao tratar de temas menos focalizados e mais amplos, tais como problemas referentes à autoestima ou a padrões problemáticos de relacionamentos íntimos, à remoção de "bloqueios internos" e ao aprimoramento conquistas, na maioria dos casos, o cliente tem algumas dificuldades de reconhecer quais memórias se encontram no cerne dos bloqueios. Nesses casos, às vezes pessoas podem pensar equivocadamente que o EMDR não seja adequado para elas, já que não têm memórias traumáticas que as assombrem. Essa noção enganadora precisa ser corrigida.

De fato, o que os "assombra" é a inabilidade de mudar seu comportamento, mesmo que teoricamente eles saibam o que precisa ser feito. A consciência do comportamento que os inibe não altera a situação. Enquanto no TEPT podemos muitas vezes reconhecer os eventos centrais, à medida que também somos "assombrados" por imagens desses eventos, nas memórias traumáticas somos mais "assombrados" pelas emoções e pelas crenças negativas em nossos subconscientes, de modo que fica mais difícil para nós identificarmos suas origens. Durante as primeiras sessões de EMDR é possível obter um entendimento da dinâmica que causa o bloqueio ou o padrão de comportamento, seja por meio do de *escaneamento do passado* para identificar os eventos prévios que causaram o bloqueio seja por meio do *EMDR diagnóstico.*

Escaneamento do **passado**. Parte das técnicas para localizar eventos centrais usados em terapia pode ser implementada por conta própria também. Entretanto, em casos de desconforto agudo, recomenda-se com veemência que não se utilize essa estratégia. No caso de eventos agudos, as lembranças podem incrementar o nível de desconforto. Logo, é imperativo que nesses casos a pessoa busque a ajuda de um terapeuta treinado em tratar tais eventos (Critérios para escolher o terapeuta de EMDR mais adequado são detalhados no Apêndice D).

Uma vez localizado um comportamento ou padrão que não seja compreendido ou que reconheçamos que provoca desconforto; e nosso comportamento não pode ser explicado exclusivamente por eventos atuais, é possível conectar-se às sensações em três canais:

1. Qual emoção acompanha a memória?
2. Que palavras negativas a acompanham? (uma lista de crenças negativas comuns aparece no Apêndice G).
3. Onde você sente isso no seu corpo?

Agora podemos retornar a nossas memórias, encontrar onde mais nós a reconhecemos (no passado) e em seguida fazer uma lista. Por exemplo, o sentimento de que sou um perdedor, um fracassado. Onde mais localizo isso em minha vida? Já senti isso na faculdade? Em caso afirmativo, quando? No ensino médio? Quando, em minha infância, já senti isso?

Outra forma de localizar memórias chave é pelo avanço cronológico gradual. Por exemplo, eu me senti fracassado no ensino básico? Na verdade não, eu sentia-me bem, lembro-me que me saí bem. Então sigamos até o ensino médio. Será que me sentia um fracassado no ensino médio? E assim por diante. Esse avanço cronológico permite-nos identificar os pontos específicos de quando tudo se iniciou.

EMDR diagnóstico. Quando há uma dificuldade em diagnosticar o problema, é possível trabalhar o último evento no qual o cliente agiu de forma que tenha dificuldades para explicar, para entender. Enquanto processa, podemos conferir a quais associações esse incidente se conecta. A partir daí, podemos começar a explorar o que está na essência do comportamento, e em seguida tentar buscar memórias mais antigas. Desse ponto em diante, é possível preparar um plano de terapia que inclua eventos chave e progredir sistematicamente.

Efeitos Colaterais

O EMDR tem três efeitos colaterais possíveis:

Sentimento de cansaço durante ou logo após a sessão. Este é o mais comum, mas nem sempre acontece e é um resultado natural do processamento intensivo e multi-dimensional decorrente de sessões de EMDR, que envolve elementos emocionais, sensoriais, cognitivos e somáticos.

Aumento no desconforto antes que o decréscimo seja sentido. Este possível efeito colateral também nem sempre ocorre. O processamento de uma memória de incidente traumático normalmente requer entre 1-3 sessões. Se o processamento não foi completado em uma sessão, em alguns casos o conteúdo da memória pode interferir até a sessão seguinte (mais pensamentos e sonhos sobre o evento). Por esse motivo, durante a fase de preparação, o terapeuta confere se um cliente consegue relaxar antes de o processamento começar. Normalmente, no caso de eventos mais sérios, sugiro uma sessão dupla, ou mais de uma sessão por semana, para minimizar o tempo entre sessões, até que o trabalho do evento esteja completo, portanto minimizando ou completamente eliminando esse efeito colateral.

Atitudes impulsivas (*acting out*) no presente. Este é o mais raro dos três e apenas o testemunhei algumas vezes. É uma situação na qual se lida com um evento particularmente traumático, mas como o cliente não consegue identificar se os sentimentos e os pensamentos vêm do passado ou do presente, ele atua no presente – por exemplo: sair correndo da sala. Eu estava trabalhando com um cliente que, 10 anos antes, havia recebido as más notícias de que sua filha de dois anos de idade estava doente com câncer terminal (o que felizmente foi um diagnóstico equivocado – a filha está viva e saudável até hoje). Em determinado momento, quando a emoção veio à tona, o cliente saiu correndo do consultório, mesmo antes do término da sessão. No dia seguinte, o cliente retornou para completar o processamento. Veio à lembrança de que durante o momento traumático original, quando os médicos deram o diagnóstico sombrio, ele teve um desejo incontrolável de levantar-se e deixar o recinto. Quando essa emoção ressurgiu, foi exatamente isso que ele fez.

Limitações

O EMDR é um método terapêutico que, mesmo depois de muitos anos desde seu início (1987), continua a evoluir. Para o público em geral, que não sofre de patologias severas, a única limitação é a de se assegurar que haja suficientes recursos de *coping* (capacidade de lidar com a emoção) para o processamento – que é o que se testa e se cria no segundo passo do protocolo. Para pessoas com transtornos mais graves, já houve contraindicações, mas a maioria delas foi reconsiderada mais tarde, depois que terapeutas, conduzindo trabalho conjunto de pesquisa e psicoterapia, encontraram formas de contornar essas restrições. É assim que o EMDR foi integrado ao tratamento de transtornos dissociativos, pessoas com esquizofrenia ou transtornos bipolares, pessoas com retardo mental, etc.

Além disso, o nível de treinamento entre os vários terapeutas de EMDR difere. Muitas limitações apresentadas no primeiro nível de treinamento de EMDR são removidas após o segundo nível mais avançado do treinamento, ou com treinamento adicional e com a própria experiência.

No caso de certos distúrbios médicos, especialmente neurológicos, seria conveniente consultar um médico antes de iniciar o processo.

Depoimento:

"Ao longo dos anos, antes de usar a terapia EMDR, tive experiência com diferentes métodos em psicologia, psicoterapia, terapia e formas de conscientização, etc. A mais intensa de todas ocorreu em um workshop de conscientização. Desde aquele momento, tentei encontrar um tratamento que pudesse explorar mais amplamente os temas que eu havia tocado por meio desses tratamentos, incluindo aquilo que faltava neles, tais como o mergulho nos detalhes de minha memória, um de cada vez. Eu sabia que essa era a chave para as questões que me intrigavam a respeito da formação de minha personalidade, e uma vez que recebesse respostas, iria encontrar força para as mudanças que enfrento em cada área de minha vida.

Devido a questões relacionadas a uma crise de confiança em um terapeuta que frequentei durante o início de meus estudos universitários (embora eu tivesse aprendido algumas técnicas de coping), bem como outras crises, estava bastante desanimada para procurar outra terapia. A maioria dos terapeutas com os quais eu lidara fizeram com que eu me percebesse como menos inteligente, ao "espelharem" pequenas coisas que eu fazia ou deixava de fazer durante a terapia (como não aparecer pontualmente para as sessões) e tentavam convencer-me da importância desses detalhes. Não vou dizer que isso seja necessariamente errado, mas no meu caso, sentia que o terapeuta tentava conectar isso com ideias freudianas e outras projeções. Passei o resto do tempo aperfeiçoando minhas habilidades de contar histórias (as quais, eu já sabia, já tinha bem desenvolvidas). Agora sei que nada do que experienciei teve o mesmo efeito emocional que o EMDR.

A despeito do pouco tempo de tratamento que fiz com EMDR e de meus profundos medos, por um lado de trabalhar as memórias (as quais tenho em profusão e estava com medo de abordar), por outro do método incomum sobre o qual pouco sabia, posso definitivamente afirmar que não me sinto tão viva há anos.

Sou uma mulher linda e tenho consciência disso desde a infância. O surpreendente é que somente há pouco tempo comecei a sentir que merecia me cuidar mais frequentemente. Eu costumava cuidar de mim em "ondas" e minha autoestima era relativamente baixa. O método por meio do qual trabalhei incidentes de minha infância, que por sinal até então eu considerava perfeita (ou pelo menos idílica e pastoral, como em um pequenino kibbutznik), revelou algo de que eu sequer me lembrava e trouxe uma mudança inesperada...

Uma inundação de partes visuais de minha memória mais antiga permitiu, por meio dessa abordagem (que para minha surpresa não envolvia hipnose, mas em vez disso consistia de duas bolas que vibravam em minhas mãos enquanto meus olhos ficavam fechados), a exposição de uma memória mais ampla para mim: quando eu era pequena, vivia em um kibbutz (comunidade em Israel). As crianças do local me pregaram uma peça. Elas me fizeram prometer que eu não diria para nenhum adulto o que comera – uma mistura que elas haviam preparado e que continha uma mistura de arroz da sala de jantar e provavelmente minhocas ou vermes do chão. Essa história deve ter me "comido" por dentro. Lembrar-me disso e falar sobre isso causou uma mudança em mim. Se no passado eu me sentia sem valor e não conseguia explicar porque, de repente alguma coisa se liberou dentro de mim, e mudei.

Essa punição precoce através do estômago deve ter me ensinado a "manter tudo dentro" e a me restringir quando a situação demandasse autoexpressão, porque eu não podia contar para ninguém o que havia ocorrido (eu havia prometido!). Imediatamente depois disso e por muitos anos depois disso, sofri de dores de barriga, as quais eu atribuía a dores de crescimento, bem como ao meu perfil genético, ou alguma coisa desse tipo... Reprimi completamente o motivo real.

Depois dessa sessão, fui capaz de libertar-me da memória de minhas inúmeras dores de barriga, bem como da velha promessa inocente para comigo (não deixar que ninguém soubesse sobre as coisas ruins que haviam acontecido comigo) e passei a escolher o que fosse melhor para mim. Desde então, sinto que alguma coisa significativa mudou em meu relacionamento comigo mesma. Recentemente, sinto que posso me comunicar melhor comigo mesma. Além disso, comecei a amar e a abraçar minha criança interior, que sinto até hoje ser uma parte essencial de quem sou. Alguma coisa que havia perdido há mais de 20 anos repentinamente retornou. Sinto-me mais bonita e confiante.

Penso que isso aconteceu porque a pequena menina que guardou o segredo e protegeu as outras crianças sentiu-se realmente mal sobre si mesma e pensou que isso era o que ela deveria sentir. Depois de me sentir liberta desse dever exaustivo, anos de insegurança caíram e nova vitalidade e liberdade apareceram. Isso permitiu que esta mulher jovem (Eu!) pudesse sentir que tinha o direito de se expressar, de assumir quem era e essas coisas finalmente transpareceram em minha beleza natural".

Capítulo 3: Abrindo mão do passado

Problemas que se disfarçam de outros problemas

Jorge

Jorge, em seus quarenta anos, foi para terapia seguindo o conselho de um amigo. A esposa dele o havia traído e ele ficou rodando em círculos por vários meses, sem saber se deveria divorciar-se não. Seus pensamentos tropeçavam entre preocupar-se com os filhos e sua estabilidade financeira após o divórcio e a incerteza de manter um relacionamento com alguém não confiável. Esses pensamentos rodopiaram em sua cabeça por muitos meses, enquanto passou por tentativas frustradas de aconselhamento psicológico convencional.

Ao mesmo tempo, seu estado mental continuou a deteriorar-se. Ele sofria de insônia, tinha problemas de saúde, bem como de falta de concentração no trabalho, que acrescentava um enorme medo de ser demitido nesse contexto.

Era óbvio que o problema de Jorge não era divorciar-se ou não, mas sim ser forte o suficiente para escolher. O problema real era a inabilidade de tomar uma decisão, de mantê-la e de enfrentar as consequências dessa decisão.

Portanto, o primeiro objetivo terapêutico para Jorge não era a necessidade de tomar uma decisão, mas sim de fazê-lo sentir-se forte o suficiente para tomar uma decisão e de lidar com as consequências. Após três sessões voltadas para a crise aguda do presente, Jorge começou a dormir bem novamente. Nas semanas seguintes, usamos o EMDR em um conjunto de eventos que o haviam deixado com um sentimento de fraqueza no passado, de ser conduzido pelos outros e de não ser bom o suficiente. Jorge dispunha de muitas forças para lidar com as dificuldades (*coping*), de modo que em cada sessão conseguimos trabalhar com um ou dois incidentes de seu passado.

Processamos as comparações que a família dele costumava fazer entre ele e a irmã mais nova; o fato de Jorge ser estrábico desde muito jovem e de ser ridicularizado por conta disso; bem como temas variando desde a mãe o ter criado sem escutá-lo, até decepções românticas que viveu. Jorge contou-me que emergia de cada sessão com um sentimento de que se levantava mais ereto do que na sessão anterior.

Três meses depois do início da terapia, Jorge encontrou-se com o ex-amante da esposa por acaso. Em vez de encolher-se, como ocorria em ocasiões anteriores, disse: "Obrigado!" e continuou a andar com a cabeça erguida. Como resultado da terapia, Jorge não se sente mais fraco e hoje é capaz de tomar decisões e de enfrentar as consequências. Ele não queria mais viver uma vida de humilhação e de desrespeito e subsequentemente pediu o divórcio.

Arnaldo

Arnaldo, um homem de 45 anos, veio para terapia com um problema que ele pensava iria requerer apenas uma breve sessão ou duas sobre seu dilema: ter ou não um caso extraconjugal. Antes que começássemos a lidar com seu relacionamento futuro, eu lhe perguntei sobre o atual. Ele descreveu um relacionamento difícil com a esposa, repleto de desrespeito mútuo, de desprezo e mesmo de abuso verbal, de ambas as partes. Quando pedi para que descrevesse o relacionamento desde o início, descobri que mesmo naquela época, antes de se casarem, havia sido muito difícil.

Em seguida, perguntei se ele já havia reparado nos detalhes, se sabia onde estavam as bandeiras vermelhas no passado e, em caso afirmativo, por que não havia saltado fora antes?

Enquanto respondia à minha pergunta, ficou claro que Arnaldo tinha uma longa história de baixa autoestima. Então, ofereci-lhe um objetivo terapêutico alternativo. Em vez de resolver o dilema proposto referente à amante, deveríamos iniciar mudando o sentimento de inferioridade, o sentimento que ele tinha de que "mendigos não podem escolher".

Embora a terapia com EMDR normalmente requeira de uma a três sessões para estabelecer um plano terapêutico, rapidamente localizamos as fontes do problema de Arnaldo e começamos o processamento de experiências precoces de ser ridicularizado por outras crianças, de ter sido negligenciado por uma família abusiva, bem como por sofrer de um sentimento constante de culpa. À medida que o processamento progrediu, alcançamos respostas para questões relevantes. Elas não se referiam à possibilidade de ter ou não ter um caso extraconjugal, mas em vez disso: "Que tipo de vida quero para mim? Com quem quero compartilhar minha vida? Que tipo de relacionamento quero com essas pessoas?"

Vale a pena saber

Muitas vezes, pessoas buscam terapia quando se sentem emperradas em determinado lugar, sem entender o real motivo. Isso é porque, para muitas pessoas, "o problema se esconde". Em outras palavras, seja lá qual for o pensamento que incomoda a pessoa, de fato, não se trata do real problema. Portanto, quando se tenta resolver o problema errado, a tentativa é em vão.

Por exemplo, pessoas que estão imersas na contemplação de uma decisão importante com frequência vêm me procurar. Esse processo de considerar opções é desgastante e o pensamento as assombra. Elas investem muitas horas de preocupação, sem a habilidade de decidir. Na maioria dos casos, um breve questionamento demonstra o quanto o dilema presente resulta de um motivo mais profundo como, por exemplo, o medo de cometer um erro. Quando esse medo não existe, a habilidade de tentar uma solução ou outra e decidir mais tarde se torna possível. Ou sentir a incapacidade de confiar em si mesmo. "Se não consigo confiar em mim, como posso confiar em uma decisão que tome?" Ou, como no caso de Jorge, a falta de crença em lidar com as consequências da escolha.

Quando definimos corretamente o problema, podemos localizar uma coleção de experiências que o causaram. Uma vez que o processamento se complete, o "nó" é liberado.

Como podemos saber se uma queixa é o problema ou apenas um sintoma? Conferimos o que estiver acontecendo em outras áreas da vida da pessoa.

Natália

Natália, na casa dos vinte, buscou uma breve sessão de aconselhamento para ajudá-la a decidir por quem ela se sentia mais atraída – homens ou mulheres. Pedi para que ela descrevesse como ela tomava outras decisões importantes na vida, como, por exemplo: estudos. Ela respondeu: "Engraçado você perguntar sobre isso, porque realmente estou com dificuldade de decidir entre a universidade e um curso técnico". Ficou claro para mim que a deliberação atual não era sobre uma área particular da vida dela, mas sim sobre o medo de cometer um erro. Depois de trabalhar esse medo, Natália se conscientizou que decidir entre homens ou mulheres não importava para ela e que ela não precisava tomar uma decisão antecipada.

Rompimentos e divórcio

Eva

Eva, uma mulher de 27 anos, veio para terapia depois que o namorado rompeu com ela. Tratava-se de seu primeiro relacionamento sério e eles haviam ficado juntos desde que ela tinha 18 anos. Antes do rompimento, o relacionamento já vinha se deteriorando há alguns meses.

Quando estavam de férias no exterior, pouco antes de retornar para casa, o namorado a dispensou. Ela estava em um país estrangeiro, apenas com o ex-namorado e sentia-se distante e separada dos amigos e da família. Para Eva, essa foi uma experiência traumática, acompanhada por choque e surpresa, que a acompanhou por meses. Seu funcionamento foi afetado e seus sentimentos de ansiedade começaram a generalizar-se e a intensificar-se cada vez mais. No começo, ela passou por uma fase difícil ao frequentar lugares que a lembravam do ex-parceiro e mais tarde isso se expandiu para toda uma área geográfica. Finalmente ela evitava visitar a cidade onde ele vivia o mais que podia.

Eva descreveu nunca ter sentido tal desconforto no passado, nem os sentimentos de baixa autoestima e de pessimismo que sentia agora. Pelo contrário, ela costumava ser uma pessoa muito otimista, com boa autoestima. Ela sentiu que a situação repentinamente mudara.

Trabalhamos no processamento de eventos significativos no período durante o qual o relacionamento com o namorado se deteriorou. O trabalho terapêutico foi feito baseado em um protocolo específico do EMDR, que é dedicado a eventos que ocorreram recentemente e que ainda continuam influenciando o momento presente. Mais tarde, trabalhamos certos "disparadores" no presente que promoviam a ansiedade e seu comportamento de evitar os lugares. Depois focalizamos no futuro e na sua capacidade de encontrar-se com o ex-namorado sem sentir-se tão perturbada e, claro, de começar a namorar outros homens. Após muitas sessões, Eva livrou-se da ansiedade generalizada e conseguiu retornar aos lugares que evitava. O processo integral da terapia durou alguns meses. Mais tarde, ela foi capaz de ver o ex-namorado, sem sentir-se perturbada, e de procurar por outro relacionamento saudável.

Vale a pena saber

Sintomas pós-traumáticos tais como: inquietude, pensamentos apavorantes, pesadelos, *flashbacks* e esquiva não são apenas os resultados de traumas ameaçadores de vida, como acidentes, ataques terroristas ou doenças graves. Os mesmos sintomas podem ocorrer após situações emocionais difíceis. Situações emocionais difíceis que sejam excessivas para nós em tempo real (porque elas são fortes ou porque somos jovens, fracos, doentes ou surprendidos) também podem ser armazenadas de maneira disfuncional em nosso cérebro em seu estado "bruto".

Após um rompimento, as pessoas às vezes tem uma impressão equivocada de que terapia não adianta se não trouxer o parceiro de volta. Isso também é um caso de conceituação equivocada do problema. Rompimentos são eventos comuns e apesar do fato de que podem causar muita dor, a maioria das pessoas consegue superar. Normalmente, quando alguém não consegue reagir bem após um rompimento, o problema não é ter "levado um fora", mas a incapacidade de seguir adiante. Isso pode ser o resultado de depressão, mas também de crenças negativas, tais como "ninguém me quer" ou "não posso mais confiar em ninguém", formadas a partir de experiências passadas. No curso da terapia, as experiências passadas e as mensagens negativas causadas por elas podem definitivamente ser identificadas e processadas apropriadamente, promovendo a eliminação desses sentimentos.

Érico

Érico procurou-me depois que a esposa o traiu. Ela na verdade não o traiu com outro homem, mas traiu sua confiança ao escrever um blog onde ela compartilhava detalhes íntimos da relação, sem contar nada para ele. Quando ele pensava no que havia acontecido, apesar das tentativas de perdoá-la e de seguir adiante, não conseguia parar de ter os mesmos sentimentos do momento da descoberta. Ele experienciava "*flashbacks*" e pensamentos intrusivos e sentia que apesar de querer seguir adiante, simplesmente não o conseguia. Juntos, durante nossa sessão de terapia, processamos o momento da descoberta. Como ocorre com qualquer outra memória traumática, após o término do processamento, os sentimentos pararam de atormentá-lo. Eles se tornaram uma coisa do passado, em vez de um evento continuadamente no presente. Tanto ele quanto a esposa conseguiram continuar em frente e reconstruir o relacionamento.

Vale a pena saber

Quando há traição por parte de um dos membros do casal, isso pode ser processado com EMDR. O processamento não necessariamente garante que o casal permanecerá junto ou que eles sintam indiferença no caso do término do relacionamento. O significado do processamento é o de assegurar que as emoções difíceis trazidas pela deterioração do relacionamento, a traição ou a separação não atormentem o cliente. Os resultados incluem: não ter mais pensamentos obsessivos sobre o assunto, não experienciar mais *flashbacks* e não ter mais emoções que sejam perturbadoras na mesma intensidade elevada. Nessas condições, mesmo se escolherem separar-se, as decisões podem ser feitas de modo mais razoável. Por exemplo, quando crianças estão envolvidas, isso permite um processo de separação mais confortável, que pode resultar mais facilmente em uma guarda compartilhada.

Eu às vezes encontro pessoas que não foram para terapia durante seu processo de divórcio ou tentaram terapia tradicional, com base em conversa, o que infelizmente somente focalizou a dor do casal, enquanto a situação piorava. Pessoas contrataram advogados caros e pagaram montanhas de dinheiro, apenas para poderem se vingar de seus parceiros. A terapia apropriada com EMDR pode normalmente prevenir esse turbilhão e até mesmo propiciar encontros entre ex-parceiros e novos parceiros, sem sentimentos de humilhação e insultos.

Com frequência vejo os efeitos de longo prazo que o divórcio provoca nas crianças. Essas mesmas crianças podem transformar-se em adultos de 30 ou 40 anos que procuram meu consultório, mas os efeitos ainda são aparentes. Muitas vezes, os impactos negativos não têm origem no próprio divórcio, mas sim em uma infância com pais que não se deram bem, ou na exposição a pais que sofreram muita dor diante de suas crianças. Essas situações podem criar para as crianças um sentimento de que não podem sobrecarregar seus pais. Há também a situação de pais que disseram alguma coisa ruim sobre o outro cônjuge ou um pai que disse para seus filhos, "Se não fosse por você(s), eu já teria metido uma bala na cabeça". Essas crianças crescem e viram adultos com ausência de sentimento de um lar seguro. Todas essas experiências podem fazer com que as crianças tenham crenças negativas sobre elas mesmas e sobre o mundo e essas crenças continuam a impactá-las. A terapia de EMDR pode mudar tais crenças.

De tijolo a tijolo – uma memória alimentando outras memórias

De acordo com o modelo que guia o trabalho com EMDR, coisas que nos incomodam no presente se originam de eventos passados que não foram completamente processados em tempo real. Além disso, muitas vezes eles se sobrepõem, quando as memórias de eventos anteriores alimentam memórias posteriores, mais recentes.

Roberto

Roberto, homossexual masculino com 35 anos, vivia com seu parceiro. Ele "saiu do armário" para a mãe e o irmão, mas tinha muito medo de contar ao pai. Ele pensava que o problema era sua orientação sexual. Nesse caso, essa não era somente uma conceituação errada, mas uma armadilha.

Insights adicionais levaram Roberto a entender que os temas que o impediam de se abrir com seu pai eram, entre outras coisas, medo de ser diferente, vergonha de sua sexualidade, um desejo de proteger o pai e um medo real do próprio pai. Memórias relacionadas ao medo de ser diferente estavam conectadas ao jardim de infância e a um problema de gagueira, que fez com que fosse rejeitado por outras crianças. Associações negativas com a sexualidade estavam relacionadas a memórias antigas de se masturbar e de ser flagrado pelos pais. Isso o levou a associar sexualidade com vergonha. Outro motivo era a preocupação de que essa notícia iria prejudicar a saúde do pai, já que ele havia sofrido um ataque cardíaco no passado recente. Roberto não havia processado o evento do ataque cardíaco do pai adequadamente e ainda sentia que qualquer pequeno incidente poderia machucá-lo. Finalmente, o último motivo era o medo de enraivecer o pai. As memórias nas quais o pai explodia de raiva e jogava coisas em vários membros da família, quando Roberto era jovem, ainda estavam frescas em sua mente. Esses temas foram abordados na terapia, com o objetivo de localizar eventos chave nessas áreas e de completar o processamento necessário. Eventualmente, após muitas sessões de processamento de memórias, Roberto sentiu-se mais confortável em compartilhar sua orientação sexual.

Sônia

Sônia, 30 anos de idade, veio para terapia devido a dificuldades com relacionamentos românticos. Começamos por trabalhar seu primeiro relacionamento, aos 12 anos, com um namorado que a dispensou. Ela sentiu que a experiência havia deixado nela um sentimento de autoestima muito baixa. Ela me disse: "Como é que esse menino, mesmo aos 12 anos de idade, já sabia que eu não tenho valor? Ele nem terminou comigo, mas em vez disso enviou um amigo para fazer isso". Depois de trabalhar essa memória antiga com muito sucesso, senti que havia memórias mais antigas que contribuíam para atribuir e manter esse sentimento de baixa autoestima. Eu expliquei para ela que ela havia conectado incorretamente o rompimento do relacionamento a um tema referente a seu valor, quando em vez disso, ela poderia ter pensado, "Uau, tínhamos 12 anos... veja como ele era infantil, nem conseguiu terminar comigo sem ajuda", ou "Olhe só para esse palhaço! Que covarde, nem conseguiu terminar comigo sem ajuda". Nós tivemos que trabalhar as memórias mais antigas que a fizeram sentir-se imprestável. Esse sentimento influenciou profundamente seus relacionamentos futuros.

Trabalhamos muitos eventos mais antigos conectados a esse sentimento, em comparação com seu irmão mais jovem e sua irmã mais velha. De fato, os sentimentos mais antigos de falta de valor fizeram com que o rompimento da 6ª série a afetasse severamente. Eles criaram uma situação na qual o rompimento apenas validou esses sentimentos negativos. Uma vez que essas raízes foram processadas adequadamente, os relacionamentos românticos posteriores ficaram muito mais fáceis.

Raquel

Raquel, uma mulher de 40 anos no segundo casamento, procurou-me por causa de estresse no relacionamento com o marido. Além disso, ela mencionou sentimentos de culpa constantes em suas interações. A parte complexa da terapia não foi resolver os sentimentos de estresse e culpa, mas convencê-la a processar uma memória de quando tinha três anos de idade, recordação que surgiu durante a primeira sessão. A memória estava relacionada a uma visita ao planetário. Ela sobressaltou-se e começou a chorar. Os pais dela a levaram para fora e gritaram com ela. Ela se lembrou muito claramente do sentimento de culpa intenso que sentira. Após o processamento de uma memória que ela havia carregado por quase 40 anos, o sentimento de culpa que ela experienciava todas as vezes que fosse repreendida se desvaneceu. Ela retornou ao parceiro sem os constantes sentimentos de culpa e seu relacionamento melhorou.

Vale a pena saber

Já que o EMDR é um método tão eficaz, muitas vezes a parte difícil não é o processamento em si, mas explicar às pessoas a necessidade de retornar a uma idade anterior para recuperar memórias antigas. Os eventos que compõem a essência de muitos problemas tendem a ocorrer em uma idade muito precoce por dois motivos. Primeiramente, quando somos mais jovens tendemos a pensar que tudo nos diz respeito ou é por nossa causa. Uma criança pode pensar para si mesma: "Por que papai está berrando? Devo estar fazendo alguma coisa errada". A criança não tem a capacidade de especular que talvez o chefe tenha chateado papai no trabalho, ou papai esteja irritado com mamãe, ou ainda preocupado com temas financeiros, etc. Isso significa que quando somos crianças, atribuímos o que acontece à nossa volta como algo que se refere a nós diretamente. Em segundo lugar, crianças dispõem de menos recursos. Portanto, muitas coisas que acontecem com elas excedem sua capacidade emocional, sobrecarregando-as. Quando somos adultos, podemos lidar com o evento, mas quando ele ocorreu, não podíamos. Assim, uma memória traumática foi criada. A beleza do EMDR é que o cliente sabe o que fazer com essas memórias antigas. Em vez de pensar: "Tudo bem, sou perdido por causa de alguma coisa de minha infância", sabemos agora que podemos retornar e completar processamento dos eventos que nos deixaram, como por exemplo impressões negativas, uma mudança dos sintomas e seu impacto.

As pessoas ficam às vezes surpresas com as memórias que aparecem, já que anteriormente não haviam atribuído importância a elas. No EMDR, usamos a escala SUD para decidir se uma memória merece nossa atenção. O escore varia de 0-10, sendo que 0 representa um evento neutro, um do qual o cliente se lembra pacificamente (afinal de contas, tudo bem lembrar-se de alguma coisa - amnésia não é algo desejado), ao passo que 10 representa uma memória verdadeiramente perturbadora e vívida. Quando conferimos o escore SUD de determinado incidente, estamos avaliando se o incidente está ou não ativo. Se o evento estiver ativo, ele certamente tem um impacto na vida no presente. Se o impacto não estiver claro no começo da terapia, ele tende a tornar-se aparente durante o transcorrer da terapia.

Alan

Alan, 24, um homem muito magro, procurou-me depois de perder muito peso, mas ainda assim ele percebia-se como gordo. A fim de mudar essa percepção, utilizamos EMDR para localizar os incidentes que o atormentavam com a sensação de ser fisicamente comprometido. As memórias que abordamos remetiam a crianças que gozavam dele na escola, a suar na escola e a comer escondido. Em outra memória ele lembrava-se que comia dois falafels, enquanto outras crianças comiam apenas a metade.

Nestor

Quando Nestor procurou-me ele ainda estava acima do peso, como resultado de descontrole emocional para comer e por autopunição. Localizamos e processamos uma memória antiga de infância na qual ele ouviu a mãe compartilhar uma história com a irmã mais velha de quando Nestor era muito novinho, ficou em pé em uma mesa e a quebrou. A história deixou nele um sentimento de ser gordo e, portanto, marcado desde muito cedo; este ainda era o sentimento que ele tinha quando eu o conheci. Trabalhamos essa memória e já que comer era um conforto para seu ódio ao corpo, muitas de suas obsessões referentes a comida desapareceram.

Vale a pena saber:

Às vezes experiências relacionadas a ansiedade e estresse causam dores de estômago. Isso acontece porque durante situações estressantes um dos sistemas impactados é o sistema digestivo. Parte do sangue deixa o sistema para apoiar um sistema de emergência. Como resultado disso, durante momentos de estresse, podem ocorrer dores de estômago, náusea e até mesmo diarreia e vômito. A situação pode causar um sentimento de "ter um buraco no estômago". Pode ainda parecer com a sensação de fome de verdade, ao passo que de fato esses sentimentos surgem de estresse, medo ou dor emocional. Tal sentimento, por sua vez, pode levar à alimentação emocional para apaziguar essa dor emocional.

Abel

Abel sofria de baixa autoestima e baixa autoconfiança. A despeito de sentir-se ridículo e de ter sido provocado pelas crianças na escola, a fonte da baixa autoestima era ainda mais antiga do que isso. Desde quando era muito jovem até chegar aos 16, ele sofreu frequente de abusos físico do pai. Quando tinha 16 e ficou fisicamente maior que o pai, ele o confrontou e ameaçou retaliar. Seu pai parou de bater nele, mas continuou o abuso verbal. À medida que continuamos a trabalhar com experiências antigas de violência e degradação em casa, a autoestima de Abel melhorou drasticamente.

Vale a pena saber:

Memórias traumáticas podem estar vinculadas umas às outras, enquanto se mantêm separadas da rede geral adaptativa de memórias. Por isso, se o caso for de sofrimento prolongado, tal como violência diária, não há necessidade de rever centenas de memórias, mas apenas algumas selecionadas, sendo que seu processamento influencia o processamento de outras memórias similares.

Beco sem saída

As pessoas podem ainda se debater entre soluções possíveis para um problema, já que nenhuma solução aparenta ser apropriada. Mas existem opções que podem ainda não ter sido consideradas.

Elias

Quando perguntei a Elias, um homem de 45 anos, o que eu poderia fazer por ele, ele respondeu que nem ele acreditava que o problema do qual sofria pudesse ser resolvido. Aceitei o desafio. Ele disse: "Olha, por muitos anos tenho passado a maioria das noites da seguinte forma: sento-me na varanda, fumo um cigarro e me pergunto se os filhos que tive com minha esposa são ou não realmente meus. Suspeito que minha esposa me traiu e que eles não sejam meus filhos biológicos, mas nunca vou fazer um teste de DNA. Não quero causar problemas para eles se descobrir que são bastardos, etc., e não vejo outra opção, exceto passar minhas noites sentado na varanda, fumando um cigarrinho e especulando". Retornamos no tempo para examinar os eventos que fizeram com que Elias suspeitasse da esposa. Localizamos uma memória da faculdade, de quando eles se conheceram. Curiosamente naquela época ele leu um livro sobre uma mulher que era sexualmente distante do marido e que também o traía com muitos outros homens. Essa ideia entrou em sua cabeça e se instalou.

Após o processamento dessa memória, Elias lembrou-se do momento quando o ginecologista deu a eles uma estimativa de quando sua esposa ficara grávida. Em ambas as gestações, a estimativa foi de quando ele estava no exterior. Entretanto, ele também se lembrou de que ele se deteve mais sobre o assunto e descobriu que o sistema de previsão do médico não era 100% preciso, e poderia estar errado por alguns dias. Em outras palavras, não havia uma validação real para a suspeita de que as crianças não fossem dele. A administração desse problema, que se arrastou por anos, levou três sessões para ser superado. Após o processamento das memórias sobre o livro e o médico apresentando o parâmetro de tempo enquanto ele estava no estrangeiro, Elias recuperou a consciência de que seus filhos eram de fato seus, sem a necessidade do teste de DNA. Ele deixou de ficar na varanda pensando sobre esses antigos pensamentos perturbadores.

Vale a pena saber

De modo semelhante, os clientes às vezes me dizem, "tenho uma hipoteca enorme e se for demitido não terei como pagar. Por isso, não tenho nada a fazer senão viver com medo de ser demitido". Em tais exemplos, no uso da terapia EMDR, pode ser desenvolvida uma imunidade para a ansiedade. A ansiedade não irá, é claro, evitar que você seja demitido. Ao contrário, como ela perturba seu comportamento, pode levar a isso. O que poderia ajudar a pessoa a lidar com a ansiedade, no entanto, é a crença de que se possa lidar com situações adversas. O sentimento de que mesmo se você for demitido, não irá fracassar. A pessoa tem que acreditar que pode lidar com esse imprevisto e encontrar um novo trabalho. O EMDR pode ser usado para trabalhar o sentido de estabilidade e de segurança por meio do processamento de memórias antigas do que provocou essa sensação de incapacidade e criou um sentimento de: "Sou fraco, não posso lidar com isso e sou um caso perdido".

Leo

Leo, um homem de 25 anos, veio para terapia com uma depressão muito séria. Ela era tão severa que ele havia tentado acabar com a própria vida por enforcamento. No último instante, ele retirou o laço do pescoço e foi ver um psiquiatra que recomendou terapia. Nas primeiras sessões, quando perguntado: "Como está você?" as respostas eram: "Que pena que não morri em um ataque terrorista", ou "Que azar que não fui atropelado por um caminhão".

Ele atribuía a depressão à homossexualidade, mas já que ele acreditava que o problema era alguma coisa que nunca mudaria, sentiu ter chegado a um beco sem saída. Ele pensou: "Se estou deprimido por um motivo que não vai embora, não tenho alternativa senão continuar a sofrer". Nós tínhamos que mudar a conceituação do problema. Ser gay não implica um estado depressivo, de modo que o problema era a própria depressão e não a orientação sexual. A depressão pode ser administrada em terapia – e assim a esperança finalmente aparentava ser razoável.

Leo havia passado por alguns incidentes que se encontravam no âmago de sua depressão. O divórcio difícil dos pais e a exploração sexual que ele havia sofrido. Após trabalhar esses itens de modo sistemático, ele deixou de sentir os impulsos suicidas.

Vale a pena saber

A fim de se trabalhar com EMDR, a pessoa precisa de recursos básicos e de força para o reprocessamento. O EMDR pode ser usado juntamente com remédios para tratar de depressão aguda não produzida por um incidente traumático. Enquanto esperamos que os remédios façam efeito, o EMDR pode ser usado para elevar as forças e acessar certos recursos, ao elencar eventos do passado que o cliente tenha conseguido administrar bem. Após um período de fortalecimento, o EMDR é então usado para se trabalhar os eventos incompletos do passado.

Como o ocorrido no caso do Leo, quando há uma depressão grave, a pessoa pode agir e sentir-se como se estivesse em uma espiral descendente. Em outras palavras, o cliente sente que ir para a escola ou para o trabalho é algo sem sentido, porque seu destino já foi determinado. Em termos práticos, não estudar coisas novas levará a pessoa a empregos sem perspectiva que a levaram a lugar nenhum na vida, sem esperança de crescimento, onde será tratada mal e se sentirá como se não houvesse saída.

Entretanto, quando a pessoa começa a sentir esperança e otimismo, abre-se uma porta e pode-se começar o planejamento do futuro. A pessoa pode ir para o colégio ou para a faculdade, encontrar um emprego mais desafiador e sentir que a vida ganha novos significados.

Baixando a bola

Muitas vezes as pessoas que vem a mim aspiram pouco na vida, miram baixo demais. Elas pensam erroneamente que a inibição que as impede é objetiva e independente, mas na verdade, o aspecto psicológico contribui também.

Ariel

Ariel, 29 anos, procurou-me para terapia. Ele explicou seu problema da seguinte maneira: "Olha, tenho problema de aprendizagem com o idioma inglês e por isso não consigo terminar meu ensino médio. Com exceção do inglês, tudo o mais está completo e agora decidi finalizar o inglês também. Inscrevi-me para um curso noturno, mas é realmente muito difícil. Não consigo nem me ver abrindo um livro texto de inglês. Eu abro o livro e o fecho logo em seguida". Ele implorou por ajuda e manifestou sua gratidão futura eterna, se eu pudesse ajudá-lo ao menos a passar no teste.

Trabalhei voltando no tempo com Ariel, usando uma técnica chamada no EMDR de "Flutuar ao Passado". Essa técnica conecta a pessoa às sensações da memória por meio de muitos canais – cognitivo, emocional e físico e permite a localização no tempo de quando o evento inicial responsável pelos sintomas ocorreu.

Chegamos a uma memória de jardim de infância, na qual Ariel tinha aprendido a escrever seu nome em inglês e em hebraico. Em hebraico ele o escreveu corretamente, mas sentiu-se humilhado quando a professora riu dele por ter escrito errado em inglês. Depois de passar duas sessões finalizando o processamento daquela memória, Ariel conseguiu abrir o livro de inglês e continuar a aprender. Dentro de apenas poucas semanas, ele avançou e já conseguia sentar-se e estudar por horas. Alguns meses mais tarde, recebi um telefonema de Ariel e ele me contou que havia gabaritado o teste de inglês. A média final dele? 95!

João

João procurou-me por causa de temas relacionados à falta de autoconfiança e à inabilidade de tomar decisões. Durante uma de nossas sessões, ele pediu um tempo para nos dedicarmos a trabalhar o teste SAT que estava por vir (equivalente ao vestibular) e sua dificuldade com a parte de matemática. Toda vez que ele encontrava um problema de matemática que não conseguia resolver, sentia seu cérebro transformar-se em borracha e não conseguia mais se concentrar.

Voltamos a usar a mesma técnica de flutuar ao passado para identificar incidentes que haviam criado o medo de matemática. Encontramos duas dessas recordações. A primeira era uma memória de jardim de infância, na qual um incidente durante o recreio fez com que ele se sentisse estúpido e incapaz de entender qualquer coisa. A segunda era um incidente no ensino fundamental, quando uma professora fez um comentário mordaz depois de entregar uma nota ruim, que o deixou sentindo-se mal. Apesar de as habilidades matemáticas de João não terem aparecido repentinamente, magicamente, após o processamento das memórias, ele foi capaz de dedicar mais tempo aos problemas de matemática e de resolvê-los. Ele não sentia mais que o cérebro era feito de borracha e não ficava mais tão ansioso. Como resultado dessas três sessões, João começou a obter notas cada vez mais elevadas na seção de matemática do SAT. Agora que ele conseguia lidar com a situação sem tentar fugir da dificuldade, os resultados foram surpreendentes: Ele ficou no grupo dos 2% superiores, com notas mais elevadas.

Vale a pena saber

Quando pessoas me contam sobre uma dificuldade de aprendizagem particular que eles pensam ter ou dizem: "É assim que são as coisas; não sou bom em matemática". Eu explico que embora seja possível que haja um componente objetivo para a dificuldade, normalmente também há um componente psicológico que pode ser tratado. Depois de lidar com isso, podemos ver qual parcela da dificuldade ainda permanece. Com frequência, dificuldades de aprendizagem são acompanhadas por uma história de fracassos que causam sentimentos de ansiedade e falsas suposições, que por si só podem impactar de modo decisivo as habilidades de aprendizagem.

Tomada de consciência está supervalorizada

Almir

Almir veio para terapia depois de caminhar pela vida com um sentimento de ser uma estorvo para todos a sua volta. Ele não se sentia confortável para pedir qualquer coisa para a esposa, "já que poderia perturbá-la". No trabalho, ele nunca se aproximava do chefe, pois receava "estar perturbando o trabalho dele". Ele até mesmo evitava retornar uma ligação telefônica, caso "a ligação pode incomodar, se eu telefonar agora". Ele havia participado de algumas aulas de autoconscientização e sabia exatamente como tudo começara, mas não sabia o que fazer com esse conhecimento. Ter a consciência do problema não mudava nada.

A memória que vinha à mente era de quando ele tinha quatro anos, deitado na cama e pedindo para a mãe vir até ele. O pai chegou e deu-lhe um tapa por estar gritando: "Pare de atrapalhar!" ele gritou para Almir. Aterrorizado, ele fez xixi na cama e não deixou que os pais soubessem disso. Esse incidente causou uma conexão entre uma enorme sensação de medo e o sentimento de que ele era um aborrecimento. Isso significou que todas as vezes que Almir pensava que poderia estar perturbando alguém, o pensamento aparecia junto com grande ansiedade de que alguma coisa ruim estava prestes a acontecer. Após passar por duas sessões completando o processamento desse evento, acompanhado por muitas ab-reações (ab-reação é um canal de descarga emocional que permite que o cliente se liberte da experiência emocional que acompanha a memória traumática), Almir não vivia mais com o sentimento de que estava sempre atrapalhando o caminho de alguém.

Vale a pena saber

Quando tocamos as memórias não processadas, caracterizadas por serem mantidas em separado da rede geral de memória, o conteúdo de determinada idade, referente a quando elas foram criadas, surge com intensidade, junto com o nível de lógica daquela idade e ab-reações podem ocorrer. Uma pessoa de 30 anos, quando referencia uma memória de quando tinha seis anos pode me dizer: "sou um homem mau por ter furtado uma maçã do vizinho". O processamento dessa memória pode levá-lo a pensar diferentemente, como: "era apenas uma maçã, por que levei isso tão a sério?"

Um homem de 40 anos pode cair em lágrimas e pensar: "não consigo acreditar. Quebrei o vaso de que vovó gostava tanto!" quando, de fato, ele está se referindo a uma memória de quando tinha sete anos. O processamento da memória pode fazer com que ele pense, "era apenas um vaso e não tive a intenção. Foi um acidente". Antes do processamento, o conteúdo aparece da mesma forma em que foi experienciado no incidente original, com a perspectiva e a consciência daquela idade. Um cliente de 40 anos desfez-se em lágrimas durante o processamento das raízes dos sentimentos de fraqueza e de não ser bom o suficiente. Ele lembrou-se de experienciar sentimentos de humilhação e de degradação quando, aos três anos de idade, foi vestido de forma idêntica ao seu irmão de dois anos, dando a todos a impressão de que eram gêmeos. Esses sentimentos permaneceram com ele por 35 anos. Em apenas uma sessão de processamento, ele conseguiu deixá-los para trás.

Leandra

Leandra veio até meu consultório aos 30 anos de idade, depois de 15 (!) anos de terapia, incluindo terapia psicodinâmica, terapia cognitiva e assim por diante. Ela pensava que havia tentado de tudo. Algumas das terapias foram no máximo neutras, ao passo que outras fizeram com que seu quadro se deteriorasse. Ela mantinha um padrão de relacionamentos dolorosos, que vários tipos de terapia não conseguiam evitar que ocorressem. Alguns terapeutas sugeriram que o comportamento dela era o resultado de um abuso sexual do qual ela não conseguia se lembrar. Isso só fez com que tudo ficasse pior para ela e elevava seu nível de perturbação. De fato, ela não era uma vítima de abuso sexual do qual ela não conseguia se lembrar. Entretanto, ela podia lembrar-se de alguns incidentes dolorosos em épocas mais remotas de sua vida. No caso dela e no de muitas outras pessoas, a consciência desses incidentes mudou muito pouco sua vida. Finalmente, o processamento deles provocou um impacto enorme. Aquilo que Leandra não conseguia fazer em 15 anos – com muita agonia – ela conseguiu com apenas alguns meses de terapia com EMDR, com um sentimento crescente de alívio.

Vale a pena saber

Quinze anos não é o tempo recorde em terapia de que já ouvi falar. Há pessoas que estão em terapia por muito mais tempo. O recorde entre os clientes que conheci foi de 25 anos de terapias anteriores. Quando a terapia padrão não funciona, os clientes podem chegar à conclusão infeliz de que todas as formas de terapia são inúteis, ou de que eles são uma causa perdida. Isso não é verdade! Há meios de saber se a pessoa está em uma terapia exitosa (critérios para saber se sua terapia funciona como deveria estão no Apêndice F). Um de meus clientes tinha feito terapia, entre idas e vindas, por 17 anos antes de procurar-me. Nesses anos, a cada semana ele chorava no ombro do terapeuta, experienciava algum alívio... até a semana seguinte. Esse ciclo se seguiu por anos a fio. Eu pessoalmente não acredito em terapia que apenas ofereça uma medida reduzida de alívio, uma terapia cujos efeitos não duram mais do que uma semana. Nem você deveria acreditar nelas. Vale a pena trabalhar os problemas a partir da raiz e consertá-los.

Pessoas que já tentaram outros métodos para aprimorar o autoconhecimento em suas vidas, tais como seminários de crescimento pessoal, *coaching* e outros tipos de terapia, muitas vezes respondem melhor ao EMDR, já que têm alguma consciência dos incidentes que as afetam. Infelizmente, a conscientização por si só não é suficiente para iniciar a mudança. Com a terapia de EMDR pode-se fazer o movimento extra, necessário para promover tal mudança. Esses clientes já vêm prontos com uma "lista de incidentes" que podem ser processados sistematicamente.

E quanto àqueles que não sabem quando seu sofrimento começou? A conscientização não é uma precondição para a terapia. É possível localizar as memórias usando uma técnica simples. Em tais casos, normalmente necessitamos de uma a três sessões para construir um plano terapêutico, fazendo uma lista cronológica de memórias chave que provocam inibição ou perturbação no presente.

Mais conexões infelizes

Jacó

Jacó, um cliente na casa dos 30, sentia muita dificuldade em expressar emoções. Voltamos ao seu passado e identificamos uma memória de sete anos de idade, na qual seu irmão mais jovem despencou de uma cômoda no chão. Jacó lembrou-de de cair no choro por causa da comoção que foi criada e da agitação que acompanhou o evento. Em resposta, seu pai gritou com ele: "Pare de chorar que nem uma menininha!" Desde então, Jacó passou a achar muito difícil demonstrar emoções, já que demonstrá-las relacionava-se a esse sentimento indesejável. Em outras palavras, expressar emoção era um "disparador" para que essas memórias desagradáveis viessem à superfície. Após o processamento da memória, Jacó começou a sentir e a demonstrar as emoções de modo mais solto.

Renata

Com Renata, uma mulher divorciada em seus 40 anos, uma conexão muito infeliz também foi formada. Há um ano ela lembrou-se de ter tido um sonho erótico enquanto cochilava no sofá. Ela despertou com o telefone tocando e recebeu péssimas notícias do falecimento de um membro da família. Essa situação que aconteceu quando ela estava desprevenida e sonolenta causou uma conexão entre desejo sexual, pensamentos e ansiedade, levando a uma situação na qual a cada vez em que se sentia sexualmente excitada, a sensação era acompanhada por ansiedade. No sentido inverso, toda vez que se sentia ansiosa ela também se excitava sexualmente. Esses dois disparadores, excitação sexual e sentimentos de ansiedade, trouxeram a memória traumática não processada de Renata à superfície, o que incluía emoções, pensamentos e sensações físicas do momento em que a memória não processada ocorreu.

Soluções e "soluções"

É melhor perceber quando a solução é temporária e quando é uma solução definitiva para a fonte do problema.

Tomás

Tomás, de 24 anos, veio para a terapia e afirmou ter um problema muito difícil que estava fora de seu controle. Duas a três vezes por semana, ele procurava um programa com um desconhecido *online*. Ele nem se divertia tanto assim e por isso não conseguia entender o que o motivava a fazer isso. Para piorar, ele sentia que ao encontrar com esses homens, colocava-se em situação de risco porque podia tornar-se uma vítima de violência sexual. Apesar disso, Tomás não conseguia se livrar do impulso de continuar.

Na primeira sessão, eu o instruí a perceber exatamente o que acontecia com ele antes de entrar *online* – isto é, que tipo de pensamento, de situação ou de dinâmica ocorria, antes que isso acontecesse a cada vez. Ele voltou na semana seguinte e mencionou duas coisas que havia percebido. A primeira foi um pensamento de que "ninguém vai me amar", que lhe dava um impulso de entrar *online* e procurar um programa. A segunda é que ele fazia isso toda vez que brigava com a mãe.

Começamos pela busca de fontes para esses pensamentos de não ser amado. Chegamos a uma memória difícil da 4a série, na qual ele era constantemente tratado com indiferença. Foi uma experiência tão desconfortável para ele que no final das contas chegou a ser transferido para outra escola. Usando EMDR, nós trabalhamos a memória de ser banido pelos colegas de sala, até que isso não o incomodasse mais. Conseguimos processar as memórias ruins por meio de seus recursos do presente. Logo em seguida, conseguiu ter registros de ser mais socialmente ativo e passou a ter muitos amigos.

Na semana seguinte, Tomás mencionou ter se encontrado somente com um desconhecido para uma noitada. Ele sentia-se mais em controle de seu comportamento, mas ainda não o quanto tinha a esperança de conseguir. Fomos trabalhar a outra coisa que ele percebeu: as brigas com a mãe. Ele mencionou uma briga particularmente feia com ela há muitos anos atrás, que contribuiu para a tensão atual entre eles. Nas duas sessões seguintes, processamos a memória daquela discussão, até que a memória não fosse mais acompanhada por um sentimento negativo. Na sessão seguinte, Tomás confirmou que ele agora se sentia no controle de seu comportamento autodestrutivo e não tinha mais aqueles impulsos. Para nos certificarmos de que a mudança era permanente, marcamos outra consulta para algumas semanas depois. Com efeito, tudo estava bem e seguimos com nossas vidas. Dei uma checada depois de dois anos do final da terapia e ele estava muito bem, encontrando parceiros a partir de sua vontade, da escolha, não de sua compulsão. A terapia inteira de Tomás durou seis sessões, incluindo a sessão de follow-up (reavaliação).

Vale a pena saber

Em terapia cognitiva ou em seminários de crescimento pessoal, a suposição vigente é a de que as crenças negativas são o problema. Por isso, tenta-se confrontá-las e promover a mudança. Na terapia de EMDR, supomos que as crenças negativas não são o problema mas um sintoma de um incidente negativo (ou incidentes) que não foi completamente processado em tempo real, por sua vez promovendo a criação dessas crenças negativas.

Similarmente, com o cliente Almir (anteriormente mencionado), aquele cliente que se sentia um estorvo, o objetivo não era o de ensiná-lo a lutar contra suas crenças negativas, ou de fazer com que ele relembrasse serem aquelas crenças erradas, ou ainda de tentarmos mudar sua história interna. Em vez disso, após o reprocessamento das raízes dos sentimentos negativos, ele livrou-se deles.

O mesmo processo também é verdade quanto a diferentes métodos de crescimento pessoal que não são considerados psicoterapia. Nesses métodos, eles chamam de "o crítico julgador" ou de a "vozinha interior" ou "um paradigma" os pensamentos negativos que aparecem em nossa cabeça e guiam nosso comportamento e são o motivo para o problema. De acordo com a terapia de EMDR, essas vozes internas realmente causam sofrimento, mas elas são percebidas como sintomas de uma experiência mais antiga e não o problema em si.

No EMDR, nós não trabalhamos o passado para torná-lo mais atraente, de modo a olharmos para trás e sentirmos prazer. Mas já que o presente é influenciado por incidentes que ocorreram no passado e que ainda nos influenciam hoje, processamos o passado, de modo que o presente e o futuro sejam melhores.

Depressão pós-parto

Susana

Susana, uma assistente social, procurou terapia depois de sentir uma forte perturbação um ano e meio depois do nascimento do filho. Desde o parto, ela tinha ataques constantes de raiva e crises de choro. Como resultado disso, seu relacionamento com o marido também havia sido prejudicado e ela sentia-se extremamente culpada. Apesar de ela também ser uma terapeuta profissional, Susana tinha consciência de seus problemas, mas não conseguia se ajudar.

Em nossa primeira sessão, começamos a trabalhar com um protocolo específico de EMDR para um incidente que acontecera no passado, mas parte dele ainda acontecia no presente. Susana descreveu a sequência de eventos, começando com momento antes de tudo iniciar até o presente, incluindo pensamentos sobre o futuro. O objetivo era criar uma narrativa na qual pudéssemos trabalhar e conferir quais eventos ainda se encontravam "ativos", i.e., quais eventos continuavam a causar-lhe estresse e a tornar sua vida difícil, de modo a completar seu processamento. Isso foi o que fizemos nas duas sessões seguintes.

Aprendi que usar terapia de EMDR com terapeutas-clientes normalmente possibilita que o EMDR funcione em ritmo mais acelerado do que em clientes não-terapeutas. Normalmente, trabalhar com memória traumática demora de uma a três sessões.

Quando trabalho com terapeutas, normalmente duas, ou às vezes três memórias podem ser processadas em uma sessão. Com Susana, já que ela havia relatado sentir-se melhor, paramos depois de apenas três sessões. Depois que a terapia foi interrompida, ela retornou para uma quarta sessão para me informar que ela sentia-se normal novamente. Ela estava feliz perto de sua criança e o relacionamento com o marido havia melhorado. Susana muito provavelmente sofreu de depressão pós-parto e por isso passou por alguns meses mais difíceis. O processamento desse período ajudou-a a livrar-se da depressão.

Com o EMDR, quando nos referimos a processamento emocional não significa falar por muitas horas sobre memória específica, mas completar seu processamento de um modo sensorial, cognitivo, emocional e somático (Veja o Capítulo 2 sobre como EMDR funciona).

Vale a pena saber

Em muitas mulheres, a depressão pós-parto pode originar-se não somente de mudanças hormonais, mas também de memórias traumáticas do período de gravidez, de eventos passados, como um aborto espontâneo; do próprio nascimento ou dos primeiros dias após o nascimento. Essas memórias podem incluir um sentimento de desamparo que não passa.

Uma pessoa pode ser muito consciente, bem sucedida e repleta de experiências positivas. Mas, como mencionado antes, memórias traumáticas estão armazenadas separadamente da rede geral de memória e as duas partes não são acessíveis o suficiente entre si, para permitir a integração. A despeito do fato de que o efeito da memória traumática não é sentido todo o tempo e que o cliente percebe-se bem sucedido e saudável, um disparador específico pode trazer à consciência a memória traumática armazenada. Conforme previamente mencionado, o conteúdo da memória é mantido juntamente com os pensamentos e emoções que foram experienciados no momento do evento e podem não mais ser adaptados aos pensamentos e emoções do cliente hoje em dia.

Ansiedade de dirigir, ansiedade de voar e outras ansiedades

Saulo

Saulo, 25 anos, terminou o bacharelado em ciência da computação, mas teve muita dificuldade para encontrar um trabalho adequado. Quando finalmente encontrou um, esse requeria deslocamento de distância significativa para chegar ao local de trabalho. Ele não tinha a possibilidade de chegar ao trabalho por transporte público e não havia dirigido desde o serviço militar.

Enquanto ainda no exército, ele uma vez estava dirigindo com outros passageiros no carro quando teve um acidente quase fatal. Essa foi uma experiência traumática para ele e passou a evitar assumir a direção. Saulo tinha muitos problemas adicionais, mas o motivo que o trouxera à terapia foi o desejo de voltar a dirigir e a começar a trabalhar para conseguir mais experiência em sua área de formação.

Ele era um homem forte, com boas habilidades para lidar com as coisas. Como o motivo para ele evitar a condução de veículos era um incidente relativamente recente, a terapia foi particularmente curta. Encontramo-nos duas vezes: uma primeira vez para processar a memória do acidente no exército e a outra para trabalhar o futuro. Com a terapia de EMDR, trabalhamos na prontidão para o futuro com um protocolo terapêutico estruturado especialmente com esse propósito: o cliente é instruído a imaginar situações ocorrendo no futuro, do jeito como gostaria que elas acontecessem. Essa técnica é muito útil quando ajudamos atletas antes de uma competição, músicos de uma apresentação ou executivos prestes a solicitar um aumento de salário ou uma promoção. Vou detalhar isso no próximo capítulo. Ao trabalhar com Saulo, focalizamos sua habilidade de conseguir entrar em um carro e dirigir.

Após duas sessões, Saulo fez uma aula de atualização em uma autoescola, o que previamente ele não havia sido capaz. Desde então, ele tem conseguido dirigir para o trabalho e de volta para casa com tranquilidade. Após três anos, conferimos como as coisas estavam evoluindo. Ele seguia dirigindo bem e muito satisfeito.

Daniel

Daniel, de 30 anos de idade, contou-me que iria fazer uma viagem intercontinental em duas semanas, para visitar a família. Ele mencionou seu desgosto por voar, que não reagia bem a isso. Quando perguntado sobre o que ele queria dizer com aquilo, ele falou que durante os voos ele ficava nauseado e vomitava. Perguntei a ele se isso ocorria quando ele voava saindo de Israel ou voltando. Ele respondeu que isso só ocorria em voos quando ele retornava para Israel.

A fim de focar seu problema e de ser precisa em meu diagnóstico, continuei a fazer perguntas diferenciadoras que iriam me ajudar a descartar opções que não fossem relacionadas. Perguntei se ele sempre sofrera disso, ou se apenas desde um momento específico na vida. Ele respondeu que a reação só começou quando ele fez 18 anos. Antes disso, voar nunca o havia afetado. Quando começamos a investigar melhor o que havia acontecido naquela idade, ele lembrou-se de uma memória de fazer o Aliyah (que é uma mudança para Israel, proveniente de outro país), quando muito jovem e ser colocado em um internato, onde foi abusado por outros meninos. Quando ele tinha 18 e voltava a Israel de uma visita à Rússia, ele deparou-se com um de seus abusadores no voo dele. Isso fez com que ele associasse o voar com o trauma em sua juventude e subsequentemente desenvolvesse ansiedade.

Nas duas sessões que tivemos antes do voo de Daniel, processamos memórias do abuso no internato e o próprio voo traumático, de quando ele tinha 18 anos. O medo de voar dele desapareceu. Ele tem voado muitas vezes desde então e nunca mais vomitou em um voo novamente.

Vale a pena saber

É importante consultar um bom terapeuta, um que saiba como diagnosticar e tratar corretamente. Com um diagnóstico errado, um terapeuta teria tomado o dinheiro de Daniel em vão, enchendo-o de fatos sobre voar como um modo seguro de viagem, ou cobrado quantias enormes de dinheiro para falar incessantemente sobre a razão que o levava a sentir-se mal apenas nos voos para Israel, etc. Em vez disso, com a terapia de EMDR, simplesmente reconhecemos os eventos, procedemos a um levantamento de seus pormenores e finalizamos com seu processamento. Assim evitamos a possibilidade de cometer erros com todos os tipos de especulações desnecessárias.

Há casos em que a fonte da ansiedade de dirigir e viajar de avião são claras. Por exemplo, no caso de um voo particularmente turbulento em tempo ruim criou a ansiedade. Em tais casos, bastam apenas algumas sessões terapêuticas para uma recuperação completa.

Um conhecido contou-me que sofria de ansiedade para dirigir e já estava em terapia há seis anos. A terapeuta sugeriu que ele memorizasse a rota com um mapa, na tentativa de lidar com a ansiedade.

Essa recomendação resultou em uma reação oposta e preservou a ansiedade, porque criou uma nova ansiedade de lembrar a rota, e não permitia que esse conhecido lidasse com alguma mudança inesperada no trajeto. Quando ajudo pessoas que sofrem de ansiedade na direção, seu senso de segurança não depende de memorizar uma rota específica, mas sim de sua habilidade de lidar com vários caminhos em uma variedade de situações. Por exemplo, a pessoa pode usar um GPS, parar e pedir por assistência, ou pedir ajuda a pedestres – isso significa que o sentimento de segurança dos clientes resulta da possibilidade de lidar com eventos reais e o sentimento de que eles mesmos podem encontrar a solução, caso deparem-se novamente com um problema.

Claro que há casos mais complicados, nos quais a ansiedade é sentida desde o primeiro voo ou da primeira tentativa de dirigir. Em tais casos, a ansiedade é um sintoma de outro problema que se expressa no momento que a pessoa dirige o voa.

Gil

Gil veio para terapia devido a problemas com relacionamentos íntimos. Em uma das sessões, ele mencionou preocupação com um voo que iria fazer em dois dias. Desde a primeira vez que ele voou, sempre experienciava um sentimento de que a morte era iminente. Pesquisamos uma possível fonte do sentimento "estou preste a morrer", acompanhado por ansiedade no passado de Gil. Chegamos a uma memória de quando ele tinha quatro anos de idade. Ele mencionou que seus pais eram muito religiosos e haviam falado com ele sobre a ressurreição dos mortos. Assim, o pensamento de morrer, seus pais morrendo, e ainda pior – a imagem deles se levantando dos mortos – deixou-o aterrorizado. Ele lembrou-se de chorar e ter muita dificuldade em relaxar. Trabalhar a memória fez com que fosse muito mais fácil para Gil enfrentar o próximo voo.

Sérgio

Sérgio sentia medo de voar desde seu primeiro voo. Ele compartilhou comigo que quando estava no avião, seus pensamentos eram: "O avião está prestes a cair e vamos todos morrer". Enquanto procurávamos pela fonte do medo, ele lembrou-se de uma viagem com a turma de escola, na quarta série, durante a qual ele viveu uma experiência de quase morte, quando quase caiu de um despenhadeiro e pensou na hora que iria morrer. Ele foi salvo por um guarda que acompanhava a viagem, mas percebeu, durante o processamento, quantos anos ele havia passado evitando viajar, dispensando os planos com o pensamento: "Só não estou a fim". O processamento da memória tornou o voo mais fácil para ele.

Elza

Elza, 29 anos, veio para terapia após uma série de ataques de pânico. Ela sofria de um transtorno de ansiedade muito acentuado. Chegou ao meu consultório vestida com pijamas e pantufas, depois de não conseguir ir ao trabalho por vários dias e dormir na casa de parentes, em vez de na própria casa. Após muitas questões preliminares, voltadas para nos assegurarmos de que ela tinha suficientes recursos para o trabalho terapêutico, comecei a trabalhar com ela. Nosso trabalho foi baseado em uma variação da terapia de EMDR para um evento continuado que ainda não acabou. Depois da primeira sessão, ela relaxou e retornou ao trabalho.

Naquela mesma semana, nos encontramos para uma segunda sessão, e logo em seguida ela foi capaz de voltar para casa. Em situações agudas, para evitar deterioração adicional na situação e promover melhora, poderíamos e deveríamos encontrar com o terapeuta mais de uma vez por semana.

Vale a pena saber

Uma das diferenças entre a terapia de EMDR e outros métodos psicológicos é a maneira como conceituamos a raiz do problema. Vou dar como exemplo um *reality show* israelense. Um dos participantes era um homem enorme que tinha medo de cachorros porque havia sido atacado e mordido por um cachorro, quando ainda era criança. Outro participante era um homem cego que usava cão-guia, de modo que não tinha escolha, senão acostumar-se com a presença do cachorro. Lentamente o medo do homem finalmente diminuiu e ele conseguiu caminhar com o cachorro e fazer um carinho nele.

Quando o participante deixou o show, os apresentadores comentaram, "Vejam que legal! Você parou de ter medo de cachorros. Então, o que você pretende? Vai arrumar um cachorro para você agora?" Ele respondeu: "Você ficou maluco?! Tenho pavor de cachorros. Aquele cachorro específico era OK, mas outros cachorros?!" Essa interação no show é um exemplo perfeito de como o tratamento para tratar a fobia apenas pela exposição ao objeto indutor de ansiedade e tentar acostumar-se com sua presença não nos livra do medo subjacente. Especificamente, seguir um processo de exposição constante sob certas circunstâncias faz com que o medo seja eventualmente administrado, mas quando essas circunstâncias mudam, a ansiedade pode voltar, já que o conteúdo traumático na raiz desse sintoma ainda não foi processado.

Ansiedade de Desempenho Sexual

Nicolau

Depois que Nicolau se divorciou, ficou surpreso ao descobrir que sofria de problemas de desempenho com as novas parceiras sexuais, uma descoberta que o deixou profundamente abalado. Durante a sessão, ele se conscientizou que percebia o sexo como um teste, que em vez de induzir paixão, induzia ansiedade. Ele se conscientizou de que no passado tinha a impressão de "não ser bom o suficiente", e que portanto tinha que provar para si mesmo. O processamento de muitos eventos que contribuíram para esse pensamento (incidentes negativos com sua ex-esposa, fracasso em outros aspectos da vida), junto com trabalho de outros eventos posteriores, especificamente relacionados ao seu funcionamento sexual (memórias recentes de problemas com a função sexual que, por sua conta, criavam um círculo vicioso de ansiedade) permitiram que o problema passasse em apenas algumas sessões e nunca mais voltasse.

Vale a pena saber

Em minha experiência com homens jovens que vieram para a terapia por problemas de desempenho sexual, recomendo veementemente que não usem remédios quando os problemas derivam de ansiedade de desempenho. Essa é uma solução de curto prazo que perpetua a ansiedade. O cliente torna-se emocionalmente dependente do remédio e fica com medo de que se não usar, não será capaz de funcionar a contento. Essa ansiedade leva a dificuldades sexuais na outra vez que ele tentar uma performance sem o remédio.

Na clínica, deparei-me com dois tipos de ansiedade de desempenho. No primeiro, o homem funciona bem em sua rotina diária, mas apenas se torna ansioso em relação ao funcionamento sexual. Em tais casos, trabalhamos as recordações dos eventos referentes a esse desempenho e o problema é resolvido em apenas algumas sessões, sem a necessidade de remédios. No segundo, o cliente relata uma ansiedade que impacta seu funcionamento em outros campos, mas o incomoda mais no funcionamento sexual. Essa ansiedade encontra-se enraizada mais profundamente em seu passado e não necessariamente relacionada a sexo, mas pode ser manifestada durante o desempenho sexual – por exemplo, como reação ao pensamento de "tenho que ser o melhor" ou "se não sou perfeito, serei abandonado", que por sua vez se manifesta em sua performance sexual. Esses disparadores exercem pressão e tensão. Nesses casos, mais tempo é requerido do que na primeira situação; mas não é necessária uma terapia de longo prazo.

Nora

Nora, 25 anos, sofria de pesadelos de natureza sexual recorrentes desde muito nova. Ela havia sido tratada desde os 15 anos com muitos métodos terapêuticos, o que parcialmente fez com que seu quadro piorasse, à medida que alguns terapeutas disseram que os sintomas dela eram provavelmente o resultado de algum ataque sexual do qual ela não se lembrava. Ao lembrar-se desses pesadelos, veio à mente uma experiência de sua infância, na qual a mãe a levou ao médico com receio de que ela estivesse com lombrigas. O exame ocorreu diante da mãe e de seus irmãos mais jovens. Embora ela tivesse tentado resistir ao procedimento, ela lembrou-se de que o médico a forçou.

O processamento do evento demorou duas sessões. Na primeira, trabalhamos os seus sentimentos de humilhação e na segunda trabalhamos os sentimentos de desamparo. Após o processamento, Nora me disse que não somente seus sonhos deixaram de ter conteúdo sexual com características de pesadelos, mas que agora eram positivos e eventualmente com conteúdo sexual desejado.

Chiliques/Ataques de Fúria

A esposa de Max ameaçou deixá-lo, a não ser que ele trabalhasse seus descontroles, já que ela não era mais capaz de tolerá-los. O chefe de Rickardo ameaçou demiti-lo, a despeito de respeitar seu profissionalismo, na próxima vez que ele tivesse um chilique no trabalho. Em ambos os casos, o método terapêutico era similar: primeiro localizar e identificar o que está na base do comportamento explosivo que irrompe com o disparador apropriado e depois conseguir processar esses eventos.

Vale a pena saber

Muitas vezes explosões de raiva derivam de eventos anteriores que provocam um sentimento de desamparo diante de um perigo ou de uma degradação. Pela própria natureza, a raiva é um sentimento importante - ela nos dá energia para funcionar e nos protegermos quando estamos feridos. Entretanto, em algumas situações ela pode ficar fora de controle e surgir de forma prejudicial, como quando pequenos incidentes provocam uma forte reação raivosa. Esses incidentes estão associados a situações mais sérias que nos fizeram sentir ameaçados ou feridos, que foram disparados pelos eventos recentes. Quando o processamento desse impacto é finalizado, os ataques diminuem de intensidade e chegam até a cessar completamente.

Do ponto de vista terapêutico, quando há fortes consequências envolvidas, como o risco de ser demitido ou de separação do cônjuge, a primeira providência é apagar o incêndio. Isso significa que trabalhamos primeiro os eventos mais recentes, para que se tornem mais toleráveis e não prejudiquem o cliente. Depois podemos nos voltar para o passado e processar eventos de um período mais remoto que estão no âmago da perturbação e da inibição.

Reação pós-traumática a eventos extremos

Gregório

Há vinte e cinco anos atrás, Gregório foi testemunha de um ataque terrorista e não foi tratado. Ele continuou sua vida e mudou-se para outro país, em razão de trabalho, onde havia terremotos frequentes. A maioria dos terremotos eram pequenos e não causavam maiores mortes ou danos, até que um terremoto forte ocorreu, provocando mortes e destruição. Ele passou a ter ataques de pânico durante cada terremoto posterior. Em uma breve visita a Israel, faltando apenas duas semanas para sua a partida, ele permaneceu no meu consultório várias horas por dia.

Depois de uma sessão de duas horas, o ataque terrorista já não afetava Gregório como uma memória traumática. Nós começamos por esse evento, já que um acontecimento grave como um ataque terrorista pode criar uma *cápsula* de fortes emoções ou de desamparo que pode, em situações posteriores, conectar-se ao desamparo e intensificar o sentimento de perturbação. Em nossas sessões seguintes, trabalhamos com as experiências dos terremotos, primeiro do maior e depois de uma série de terremotos que aumentavam seu nível de perturbação. Entre elas estava a lembrança de atravessar uma ponte dirigindo durante um terremoto menor e visualizar a ponte cair e ele despencando para a morte... e seu maior medo de andar de metrô depois de um terremoto.

Depois focamos nos "disparadores" no presente, como terremotos menores. Nós terminamos trabalhando o futuro, em cenários nos quais terremotos ocorriam enquanto Gregório estava na cama, no chuveiro, no metrô, etc... Nós terminamos apenas quando nos certificamos de que os cenários visualizados por Gregório não o perturbavam e ele se sentia forte o suficiente para enfrentar seus medos. Depois de duas semanas, ele retornou para os seus negócios no estrangeiro. Alguns meses depois me informou como havia passado. Gregório agora consegue lidar com os terremotos menores e eles não o impedem de fazer o seu trabalho. Ele não é mais um prisioneiro do seu passado.

Vale a pena saber
Mesmo em caso de dificuldade objetiva que não possa ser modificada (como viver em áreas de terremotos ou expostas a ataques de mísseis); nós podemos aumentar o sentimento de resiliência por meio do EMDR. A perspectiva de vivermos nossas vidas sem interrupções ou problemas é irreal. Nossa felicidade depende da capacidade de enfrentar esses problemas e não de nos livrarmos deles.

Quando lidamos com um evento traumático recorrente, como terremotos ou ataques de mísseis, o trabalho com eventos passados cria resiliência para eventos futuros. O trabalho com cenários futuros é feito por meio de um protocolo destinado a desenvolver capacidade para enfrentar problemas e paralelamente construir um plano para o futuro.

Quando a terapia não funciona
Alguns dos casos nos quais o EMDR leva mais tempo para apresentar resultados revelaram-se mais difíceis de problemas dissociativos ou de reações agudas a eventos traumáticos em cadeia, como situações de exploração sexual continuada em várias idades. (Dissociação é um tipo de transtorno mental, no qual a disconexão ou uma separação é criada entre as experiências da pessoa, seus comportamentos e as outras partes da mente

consciente (pensamentos, sentimentos, memórias, ações, sentido da própria identidade)

A dissociação pode ocorrer em vários graus de intensidade. Como na dissociação há partes da personalidade que se separam uma da outra (uma parte adulta e outra mais infantil, sua criança interior), o tratamento normal com EMDR pode influenciar apenas uma parte específica. Nesses casos, o tratamento normal com EMDR que não esteja adaptado para o tratamento da dissociação poderia piorar a situação e seria necessário um trabalho integrado. Este livro não pode abordar esses casos com a devida amplitude e profundidade, mas seria um prazer fornecer aos interessados informações relevantes sobre o assunto. Há estudos e livros escritos sobre terapias combinadas com o EMDR em caso de transtornos de diferentes níveis de gravidade.

O EMDR pode também revelar-se menos eficaz quando o problema tem origem em um desequilíbrio químico, como depressão ou ansiedade devido a problemas de tireóide, deficiência de vitamina B12, defeitos colaterais de drogas, etc...

Algumas vezes o EMDR pode parecer um método simples, mas, na realidade, existe relativo grau de complexidade, tanto para se montar o plano terapêutico apropriado (usando o EMDR como terapia e não como abordagem) quanto para garantir que o processamento foi conduzido até que todos os canais tenham sido desobstruídos. Em certas situações os clientes não observam as instruções sobre como conduzir o processamento no consultório. Dessa forma eles retardam ou até mesmo interrompem o processo. Nestes casos, é natural que o processo terapêutico não funcione de forma eficaz e o cliente pode pensar que a terapia não seria adequada para ele. Já quando as instruções são devidamente observadas no processo de EMDR, os problemas que surgirem podem ser facilmente resolvidos. No final da sessão, quando o cliente não se sentir nem um pouco melhor, podemos analisar a situação e verificar onde está o problema.

Henrique

Quando Henrique perguntou-me se a terapia com EMDR poderia ajudar em uma situação de gagueira, respondi que definitivamente valeria a pena tentar. Já que algumas formas de gagueira têm origem em questões emocionais e até mesmo aquelas que não decorrem de problemas emocionais podem ser afetadas por eles, a mera redução do estresse poderia ajudar. Primeiramente localizamos a possível *memória supeita* que teria iniciado a gagueira, bem como o nível de estresse que ela acarretava. Antes do processamento eu instruí Henrique a deixar os eventos fluírem livremente em sua cabeça, sem filtros ou direcionamento, já que no processo de EMDR é como se a pessoa largasse a direção e se sentasse no banco de trás do seu carro enquanto a mente conduz. Durante o processamento, tudo que você tem que fazer é observar o que ocorre enquanto seu cérebro trabalha sozinho. Não se preocupe aonde quer que seu cérebro o leve, apenas deixe-se levar. Deixe o processo tomar o seu próprio curso, sem direcionamento. Infelizmente o Henrique ignorou minhas instruções. Todas as vezes que ele se lembrava de incidentes que ocorrerem em época mais recente, ele se transportava de volta aos incidentes iniciais e tentava focar neles com todo empenho. Como consequência, o processo foi sendo retardado, até ser finalmente interrompido.

Vale a pena saber

Não há problema com uma situação na qual associaçoes livres focam em uma memória específica. Entretanto, em uma situação na qual as associações livres são filtradas de maneira forçada, o processo fica comprometido. Parte expressiva do processamento poderia ser formada pela ligação da memória com eventos mais recentes, permitindo que o cliente amplie seu pondo de vista, vivenciando eventos da infância como o adulto que ele é hoje.

Dessa forma, ao trabalhar uma memória e suas associações, quando os seus pensamentos são levados a eventos mais recentes, é importante permitir que isso ocorra, a não ser que o terapeuta explicitamente o oriente de forma contrária. A suposição de que os eventos mais recentes não sejam relevantes para se trabalhar uma memória mais antiga é incorreta. A associação das memórias é um processo pelo qual a memória disconectada se conecta à rede de memórias adaptativas.

O EMDR não é uniforme. O EMDR não é tão simples como pode parecer. O risco do EMDR não funcionar é muito maior quando o terapeuta o usa como uma técnica e não como uma psicoterapia. Não se limite a apenas buscar um terapeuta com treinamento em EMDR. Procure saber o tempo e o tipo de treinamento ao qual ele se submeteu (No Apêndice D, podem ser encontrados critérios para ajudar a escolher o terapeuta de EMDR).

Com exceção dos casos de dissociação acima mencionados ou de sintomas resultantes de desequilíbrio químico e problemas orgânicos, a maioria dos clientes apresentam melhora em algumas semanas de terapia e continuam melhorando à medida que reprocessam número crescente de eventos passados que os impactaram.

Depoimento:

"Tudo começou com uma crise marital, quando descobri que minha esposa, com quem eu estava casado há 12 anos, estava me traindo. Senti meu mundo inteiro balançar até a base. Até então, eu sempre pensava que fosse forte e estável, sem qualquer necessidade de aconselhamento profissional, mas o choque e a instabilidade me fizeram acreditar que mesmo eu, tão forte quanto poderia ser, precisava de ajuda. Essa foi uma das decisões mais sábias que já tomei na vida.

Um pouco de meus antecedentes pessoais – tenho quarenta e dois anos de idade, dois filhos, sou um empregado na área de alta tecnologia com formação acadêmica. Até a crise, minha vida era muito previsível, seguindo o roteiro israelense típico: ensino médio, serviço militar, oficial militar, América do Sul, universidade, namorada, casamento, estudo no exterior, primeiro filho, trabalho, segundo filho, compra da casa e um trabalho bom e rentável. Tudo estava perfeito, até que veio a crise que me despertou do estado de coma em que eu estava para a vida.

A terapia começou durante a crise marital. No começo nós lidamos com os desdobramentos da crise no presente. Pouco tempo depois, graças às associações promovidas pelas duas "ferramentas de vibração", como eu as chamo (elas na verdade são dois dispositivos que você segura e que vibram alternadamente), ficou claro para mim que além da crise em andamento, havia outras coisas no passado recente e no distante que eu precisava entender, processar e garantir que não permitiria que interferissem em minha vida no futuro.

Imediatamente após o divórcio, eu senti-me livrando de um grande fardo. O fardo era o caminho que eu havia me imposto, no qual eu me permitia um sofrimento silencioso, em um relacionamento ruim com uma mulher amarga, que eu sempre tentava agradar, enquanto desistia de mim. Era muito importante para mim entender como e porque havia chegado a esse ponto. Eu sabia que era uma pessoa boa e forte, que tinha muito do que me orgulhar, mas na verdade eu não vivia dessa forma – nem com minha esposa, nem com o ambiente (trabalho, amigos). Foi assim que nós começamos a jornada à qual me refiro como EMDR 360.

No começo, o tratamento parecia meio estranho. Nós não nos sentávamos e conversávamos, escavando em meu passado e em minha alma. Em vez disso, sentia-me como em um tipo de experimento científico. Eu me recordava de um evento traumático. Até certo ponto, definia o sentimento negativo que esse evento provocava em mim. Eu segurava os dispositivos de vibração, fechava meus olhos e as associações começavam a reaparecer: imagens de outros eventos. Alguns eram muito antigos, até mesmo do jardim da infância. A princípio sentia-me meu esquisito e confuso sobre como as coisas se encaixavam, mas a imagem eventualmente ficava mais limpa. Muitas coisas tinham que ver com um sentimento intenso, que tivera por muitos anos, de 'não ser bom o suficiente'. A despeito do sucesso, dos estudos, dos diplomas, dos certificados de mérito no exército e na universidade, do sucesso no trabalho, de ser um ótimo pai, na maior parte do tempo, as vezes que eu 'falhei', mesmo quando era algo de menor importância, faziam eu me sentir como se de fato não fosse bom o suficiente.

Essa conscientização foi um grande passo em minha vida. Eu pensei, "Aqui está! Consigo ver o que me incomoda. Eu poderia até mesmo não continuar com a terapia". Mas pouco depois ficou claro que a consciência do problema não era suficiente. Eu tinha que confrontar essas coisas uma a uma, apagar as brasas que ainda queimavam e fazê-las parar de pressionar meu subconsciente, de modo que elas não perturbassem meu funcionamento futuro. Como é que isso ficou claro? A vida me mostrou. Por exemplo, de início meu desempenho sexual não foi tão bom quanto eu esperava que fosse – em outras palavras: ele nem sempre subia. Eu não conseguia entender como isso acontecia. Eu não tinha problemas quando era casado e mesmo após o divórcio às vezes funcionava bem e às vezes não funcionava. O sentimento de que eu não era bom o suficiente entrou diretamente na cama quando novas parceiras, especialmente as mais significativas, entraram em cena. Como aprendi aos poucos, quando o subconsciente pressiona, o corpo reage.

Então nós identificamos a 'raiz' do problema e seus galhos, onde o sentimento de 'não ser bom o suficiente' perturbava a área romântica, profissional e familiar. Em cada sessão, nós limpávamos outro obstáculo ao longo dos galhos do passado. Nós começamos com eventos de infância aparentemente triviais, mas eles revelaram-se muito importantes, porque formavam a base de meu padrão comportamental. Por exemplo, em uma das sessões, a imagem da professora do jardim de infância, que eu amava e que morrera de câncer naquele ano, ressurgiu. Após a sessão, enquanto eu dirigia, a imagem repentinamente voltou e eu caí em lágrimas.

Conforme me dei conta, nunca fizera o luto dessa perda e senti-me culpado por não tê-lo feito em todos esses anos. Isso encorajou o sentimento de que eu não estava agindo corretamente e de que eu não tinha valor, afetando outros eventos futuros. O tratamento desse evento extinguiu minhas 'brasas acesas' e, na prática, libertou-me dos sentimentos negativos que eu tinha sobre mim mesmo.

Assim nós continuamos de tratamento em tratamento, com uma velocidade crescente, apagando essas 'brasas' que me perturbavam todos esses anos, que me fizeram sentir culpado e como se não desse o melhor de mim. Esse sentimento tornou-me mais condescendente no relacionamento minha ex-esposa, tudo porque eu 'não era bom o suficiente' e merecia sofrer em silêncio. Tratamos os aspectos íntimo, pessoal e profissional e realmente fiz um tratamento de 360 graus.

É difícil para mim descrever o impacto enorme que este tratamento teve em minha vida, no jeito como eu me porto em minha vida profissional, onde começo a desabrochar, bem como em minha vida pessoal – em meus relacionamentos, em como tenho criado meus filhos e em minhas amizades também.

Acima de tudo, sinto-me infinitamente mais forte do que antes, pronto para lidar com qualquer dificuldade e incerteza sem medo, porque eu agora sei que não vou me conduzir baseado em meu passado e em minha falta de autoestima, mas, em vez disso, baseado nos insights atuais sobre minhas habilidades para lidar com eventos no aqui e agora.

Esse é, sem sombra de dúvida, o maior presente que eu poderia me dar, que certamente foi graças ao tratamento dedicado que recebi".

Capítulo 4: Seguindo adiante – EMDR para aprimorar conquistas

Removendo obstáculos psicológicos internos

Muitas experiências continuam nos afetando de maneira que sequer temos consciência. A terapia de EMDR permite que o cliente torne-se consciente disso. A partir de uma compreensão interna (em oposição a comentários feitos pelo terapeuta), o cliente vê como esses eventos o afetam de forma a impor amarras. Além da conscientização, o reprocessamento no EMDR permite que ele se livre dessa perturbação.

Guilherme

Guilherme procurou terapia para trartar de ansiedade de desempenho, mas mencionou que sua ansiedade continha um componente de medo de estranhos (i.e., ele tinha medo de ficar perto de estranhos, mesmo se fossem apenas poucos). Ele contou-me sobre um momento importante em sua vida que ocorreu quando estava na 5ª série. Na cerimônia de formatura da escola, ele subiu ao palco e não conseguiu falar. Ele lembrou-se disso como uma experiência horrível e tentou nao falar mais diante de um público desde então. Eu o instruí a lembrar-se da memória e a acompanhar, sem direcionar, as associações que apareciam, apenas percebendo o que ocorria. No início, Guilherme viu-se lendo o texto de modo exitoso e sentiu seu nível de ansiedade decrescer, mas não desaparecer. Algo ainda o incomodava. Na sequência seguinte de estímulo bilateral, ele visualizou-se não somente lendo um texto, mas desempenhando um passo de dança impressionante diante de uma plateia. Os níveis de estresse continuaram a decrescer, embora ele reportasse ainda um sentimento de perturbação que ainda acompanhava esta memória. Somente depois que o processamento continuou foi que ele conseguiu se ver em pé no palco, paralisado, com a "correção" do evento sendo a visão dele mesmo se perdoando pelo que havia ocorrido. Nesse exato instante, o sentimento de perturbação que acompanhava a memória desapareceu.

Depois de trabalhar nessa experiência prévia, ele relatou sentir uma diminuição no nível de ansiedade, ainda retendo algum medo de falar em público. Enquanto tentávamos entender o que o impedia, encontramos uma memória de quando ele tinha cinco anos e suas amígdalas foram retiradas. Essa memória contribuiu para a crença que ele tinha de estranhos que o machucavam. Quando mergulhamos nessa experiência, um sentimento de raiva em relação aos pais veio à tona. Ele sentiu que não era importante para eles, já que não o haviam apoiado durante o procedimento cirúrgico.

As associações que ele fez depois dessa revelação fizeram com que ele se desse conta de que por rebeldia e resistência ele havia passado os 40 anos seguintes tentando ficar quite com eles. Eles queriam que ele se saísse bem na escola, então ele deliberadamente fracassava. Quando eles quiseram que ele seguisse a trilha de official no exército, ele resistiu. Devido às elevadas expectativas, ele gastou muita energia para não ser bem-sucedido (conforme os padrões deles). Guilherme percebeu que, por causa de desprezo em relação aos pais, ele havia inconscientemente passado anos promovendo seu próprio fracasso. Portanto, o processamento da memória não só o ajudou a falar diante de estranhos, mas também mudou outros aspectos de sua vida, como seu próprio ramo de trabalho.

Samuel

Samuel, um homem de negócios relativamente rico e exitoso, tinha dificuldade com investimentos em seu próprio negócio, o que limitava o desenvolvimento de seus empreendimentos. Tentamos entender o que o segurava, alcançamos memórias da infância dele. Ele havia crescido em uma casinha em uma vizinhança relativamente abastada, onde o resto de seus amigos eram muito melhores do que ele, em termos sócio-econômicos. Também esperava-se que ele abandonasse a escola e ajudasse a sustentar a família. O processamento daquelas memórias ajudaram-no a mudar seu perfil financeiro: como comportar-se, como agir para o bem de seu negócio e como não ser motivado pelo medo de gastar dinheiro, uma coisa que tinha raízes em acontecimentos de muitos anos atrás.

Danilo

Danilo, um homem com um trabalho na área de tecnologia, na casa dos 40 anos, veio para terapia com um problema pessoal. No intuito de conhecê-lo um pouco melhor, perguntei a ele, entre outras coisas, sobre sua carreira e sobre a segurança de seu trabalho, e se ele alguma vez havia considerado tornar-se autônomo e seguir um caminho independente. Ele disse: "Esqueça isso. Sou péssimo com dinheiro e com comércio".

Assim como qualquer outra crença negativa, essa também havia sido aprendida a partir de uma vivência anterior. Curiosamente foi uma vivência em uma colônia de férias de verão que reforçou essa crença. Quando ele tinha seis anos e foi passar férias sem sua família, cada criança deveria trazer algo para negociar com as outras. Danilo e os pais dele se esqueceram disso e ele foi para a colônia naquele dia de mãos abanando. A única coisa que ele tinha para negociar era sua bandana favorita. O que ele recebeu por ela foi um pedaço de papel escuro. Ele voltou para casa chorando e quando lhe perguntaram o motivo, contou aos pais a história. Eles riram da cara dele e disseram: "é melhor você não fazer negócios, isso não é para você". O que era para ser apenas uma piada inocente por parte dos pais criou uma suposição negativa sobre as habilidades dele. E agora, aos 45 anos, depois de terminar um PhD em sua área, o pensamento de desenvolver-se profissionalmente e investir em negócios o assustava. Como um resultado do processamento dessa memória, além de seu trabalho diário, começou a trabalhar como *freelancer*.

Renato

Renato veio ver-me com baixa autoestima e sentimentos de fracasso constante. Durante uma de nossas sessões de reprocessamento, ele me disse: "Olha, durante essa última sequência, algo totalmente sem relação com o tema surgiu". Eu respondi que durante o processamento nós não julgamos os conteúdos que emergem, classificando-os de relevantes ou não. Nós os percebemos e mais tarde a conexão deles com o tema que estamos trabalhando fica mais clara. Ele me disse que viu uma cortina se fechando e dentro dela havia uma bicicleta. "O que isso tinha a ver com um sentimento de não ser bom o suficiente?" Ele me perguntou. Eu ainda não tinha como responder, mas prometi que tudo se revelaria a seu tempo.

Após outra sequência de reprocessamento, Renato não podia acreditar do que havia se recordado. Ele disse que quando tinha quatro anos e a irmã mais nova tinha três, ambos ganharam bicicletas de brinquedo. A irmã aprendeu a manejar a bicicleta antes que ele o fizesse. Essa história virou uma piada da família e a memória foi o âmago dos sentimentos de fracasso de Rick. Nosso trabalho combinado com uma série de eventos similares permitiu que ele caminhasse pela vida com um sentido de habilidade e autoconfiança.

Vale a pena saber

Com muita frequência as suposições negativas que os clientes fazem deles próprios são aquelas que outros membros da família ajudaram a criar, mesmo se às vezes de forma não deliberada. Sempre ouço mais atentamente quando um cliente descreve uma piada/gozação familiar, já que normalmente há uma história dolorosa por detrás dela. Tais incidentes aparentam ser inocentes, mas deixam um grande impacto, devido à tenra idade na qual ocorreram. A memória não processada aprisionada na "cápsula" não teria necessariamente tal impacto se ocorresse hoje em dia, mas exerce uma influência mais forte porque aconteceu em idade tão precoce.

Pessoas normalmente percebem muitas de suas características como de caráter pessoal que não pode ser mudado. Muitas vezes isso não tem nada que ver com a mudança de um traço de caráter, mas sim uma suposição interna negativa ou uma crença que pode ser modificada com o processamento em um curto intervalo de tempo.

Ney

Em poucos anos, Ney, 60 anos de idade, perdeu um irmão com uma doença e uma irmã em um acidente de carro. Ney costumava considerar-se uma pessoa forte e sentiu que poderia lidar com os sentimentos de perda por conta própria. Ele procurou-me com uma dificuldade de falar com estranhos. Apesar de tentar com vários métodos, ele não conseguia resolver o problema. Embora tivesse recentemente experienciado essas perdas devastadoras, no dia a dia só havia uma coisa que o incomodava, que era algo baseado em um sentimento de infância de sentir-se humilhado. Isso deve-se ao fato de que hoje ele tem a capacidade de lidar com as perdas como adulto, mas quando era criança ele achava muito mais difícil lidar com eventos menos traumáticos da infância. Assim, aquelas cápsulas de memórias traumáticas foram criadas.

Vale a pena saber

O efeito adverso de um pequeno incidente em uma idade quando não dispomos de recursos suficientes para lidar com ele pode ser mais destruidor do que o efeito do mesmo evento em uma idade mais avançada, quando mais recursos encontram-se à nossa disposição. O que define se a cápsula será ou não criada são os recursos disponível à época do evento, não aqueles de hoje. É por isso que "cápsulas" podem se manifestar em homens e mulheres que são muito bem sucedidos, mas ainda assim se sentem envergonhados/ como se fossem fracassados/ ou ficam com medo de figuras de autoridade relacionadas a eventos que ocorreram quando eles eram muito mais jovens ou mais frágeis. Eu deparo-me com pessoas de sucesso que têm sentimentos intensos de baixa autovalorização. Sem promover a mudança, há o perigo de se reviver tudo isso, de modo que a criança espancada se transformará no chefe espancado, etc.

Normalmente as "cápsulas" emocionais são criadas por duas coisas: a primeira é um incidente agudo e brusco e a outra é um incidente para o qual não dispúnhamos de recursos para enfrentá-lo adequadamente, o que nos deixa sobrecarregados. Isso pode acontecer na infância, mas às vezes, em outras situações nas quais estávamos fracos devido à surpresa, à doença, ou a algo que nos acometeu repentinamente, ou a influência de drogas ou álcool.

Procrastinação

Maya

Quando se preparava para um bacharelado em ciências exatas, Maya sabia que precisava estudar. Ela já havia visto o que acontecera com suas notas quando ela negligenciara os estudos e o que aconteceu quando ela estudou. Apesar disso, ela não conseguia estudar o quanto deveria.

Vale a pena saber

A procrastinação pode ser gerada por vários motivos. Mais de uma vez, encontrei clientes estressados e sofridos quando estudam para uma prova de última hora. De fato, eles criam uma conexão entre estudar para um teste e o sofrimento. Essa situação cria um círculo vicioso que causa dificuldades, que por sua vez os levam a somente estudar no último momento possível, etc. Assim como o processo semelhante que ocorre com pessoas que estão com medo de ir ao dentista e por isso adiam a consulta até que a situação se torne insustentável. Por causa do atraso no tratamento dentário, o cliente terá dor e sofrimento, o que o leva a evitar tratamentos dentários no futuro. O trabalho com os eventos passados que iniciaram esse círculo vicioso entre o desempenho e o sofrimento pode interromper essa conexão.

O medo do fracasso também pode causar procrastinação. A fim de evitar uma situação na qual a pessoa estuda para um teste e recebe uma nota baixa, estudantes preferem evitar o estudo. Desse modo, achar uma explicação para o fracasso é mais fácil do que ter que lidar com a frustração, ou o cliente sentir que é inútil estudar, já que vai fracassar mesmo. Processar os eventos que causaram a conexão entre a aprendizagem e o medo de fracasso conduz à mudança do padrão destrutivo.

Isabela

Toda vez que Isabela queria estudar para uma prova ela ficava incrivelmente cansada. Ela começava a bocejar incontrolavelmente e quase caía no sono. Ela acordava super bem disposta pela manhã, pegava um livro e... bocejava até que ela não suportava mais, fazendo com que abandonasse tudo. Durante a terapia, nós procuramos encontrar algumas vivências anteriores que poderiam explicar a dificuldade. Ela lembrou-se que muitos anos atrás, quando mudou-se para o exterior, ela trabalhava no período noturno e estudava no período diurno. Durante esse período, ela ficava muito cansada, mas ainda assim tinha que estudar. Ela lembrou-se de tentar estudar enquanto se esforçava para se manter acordada. Essa experiência criou uma conexão entre estudar e ficar incrivelmente cansada. Só de trabalhar a memória já a deixou exausta, mas no fim das contas conseguimos quebrar a conexão entre estudar e ficar cansada, de modo que Isabela conseguiu estudar por um longo período de tempo sem os sintomas dos bocejos constantes.

Vale a pena saber

Nosso comportamento incontrolável é também, muitas vezes, o resultado de uma experiência cujos efeitos se encontram armazenados em nosso cérebro em uma cápsula em forma bruta, porque ela não foi processada em tempo real. Com a terapia de EMDR, podemos identificar a cápsula e, por meio de seu processamento, mudamos nossa resposta automática.

Joel

Joel era dono de um negócio bem sucedido, mas quando tinha que se concentrar no trabalho para o desenvolvimento da empresa, ele se flagrava fazendo outras coisas. Cada tarefa que ele tinha que terminar em um prazo definido somente conseguia executar sob forte estresse, já que ele sabia não ter outra saída, bem como de não ter tempo de sobra. Desde que ele não estivesse se comprometido com alguém para finalizar a tempo, ele inevitavelmente iria procrastinar, mesmo com a consciência de seu padrão. À medida que trabalhamos com o assunto, chegamos a uma memória que tinha um impacto significativo em seu comportamento atual.

Joel foi ferido quando estava no exército e, por causa disso, teve que deixar uma unidade de prestígio na qual estava lotado. Ele sentiu o episódio como um fracasso e aquele sentimento o acompanhou por duas décadas. Ele desenvolveu uma cadeia de pensamentos negativos que só aumentavam sua procrastinação, devido a um conceito por meio do qual o produto de seu trabalho teria sentido somente se ele o obtivesse por meio de muito esforço e somente o trabalho árduo compensaria seu sentimento de fracasso. Já que certas tarefas que ele finalizava facilmente eram insignificantes para ele, isso inconsciente fazia com que ele procrastinasse e acumulasse tarefas pendentes até o trabalho ficar insuportável, de modo que a pendência somente seria alcançada por meio de muito esforço pessoal.

Durante o processamento, Joel reconheceu outros campos em sua vida nos quais tinha o mesmo comportamento e conseguiu fazer uma conexão com outros casos nos quais ele assumia responsabilidade em excesso, de modo que tivesse dificuldades para finalizar as tarefas. Após três sessões nas quais lidamos com o reprocessamento do ferimento sofrido no exército, sua decepção de ter que deixar a unidade de elite e os sentimentos internos que isso provocava, ele começou a recusar tarefas além de certo limite, interrompendo o círculo vicioso de sobrecarga e procrastinação.

Uma outra coisa que Joel considerava difícil era delegar. Ele considerava difícil recorrer a um profissional, mesmo se fosse para consertos domésticos, e fazia tudo por conta própria. A memória que nós encontramos que o conectava a esse padrão era uma da quinta série, quando ele levou o cachorro ao veterinário. No final das contas, ele se revelou ser um veterinário de animais de fazenda e não um veterinário de animais de estimação. Como resultado do tratamento equivocado, o cachorro morreu e esse evento criou uma cápsula em sua memória com a crença negativa de "não confie em ninguém". Após o processamento da memória com o veterinário, Joel contou-me que pela primeira vez na vida ele contratou um eletricista, bem como um jardineiro, para irem a sua casa.

Aprimorar o desempenho para obter conquistas significativas

Sandro

Sandro era um músico que se apresentava com frequência. Assim como vários outros, sentia-se muito ansioso antes e mesmo durante um espetáculo. O jeito como ele lidava com a pressão antes de me procurar era o mesmo que o de outros artistas – principalmente com o uso de álcool e drogas. Infelizmente, álcool e maconha por vezes elevam a ansiedade e podem provocar dependência psicológica – um sentimento de que os seus efeitos são necessários para se alcançar o êxito.

Primeiramente trabalhamos os incidentes anteriores que davam a ele um sentimento de não ser bom o suficiente. Esse também era o sentimento que ele costumava ter antes de apresentações mais importantes, aumentando o nível de ansiedade e afetando a performance. Mais adiante, continuamos a concentrar-nos no trabalho de situações futuras, antes de apresentações. Para tanto, Sandro imaginava um desempenho no qual ele se sentia pleno e repetia o cenário em sua cabeça, enquanto estimulávamos ambos os hemisférios cerebrais de modo intermitente, de modo a intensificar o sentimento da experiência, não apenas em termos cognitivos, mas também em termos físicos e mentais. Depois de se conectar com esses sentimentos, ele imaginava o local onde iria se apresentar e o sentimento de ficar conectado somente à música, quando nenhum outro estímulo poderia interrompê-lo (ou como ele próprio chamava, "estar presente na área").

Como resultado do trabalho que fizemos juntos, ele parou de ser dependente de meios externos de relaxamento, apesar de às vezes recorrer a eles, não tanto por necessidade, mas por pressão dos pares. O processamento de várias memórias adicionais o fizeram mais imune a essa pressão dos colegas. Antes do processamento, as memórias nas quais ele percebia "expressões fisionômicas" dos outros que o faziam sentir-se como um forasteiro, ou quando alguém gozava da cara dele, levavam-no a fraquejar e a usar drogas. Depois do processamento, ele sentiu-se orgulhoso de poder dizer "não". Mesmo se o resto da banda o desprezasse, ele não deixava que isso o afetasse.

Vale a pena saber

Enquanto trabalhamos cenários futuros com a terapia de EMDR, o cliente reconhece recursos de emoção e sensação que o ajudam a superar a tarefa futura de modo mais exitoso. Os recursos podem ser, por exemplo: um senso de habilidade, determinação, diligência ou autoconfiança. Nós voltamos a uma memória que se relaciona a uma sensação específica. Pode ser sua memória, alguém que você conheça e, se essas não estiverem disponíveis, até mesmo a memória de um livro ou um filme. Após a captura da memória escolhida, esforçamo-nos para encontrar o sentimento mais acessível e vibrante da sensação, usando estímulos bilaterais curtos. Quando ele é acessível e o cliente consegue sentir, é solicitado a repassar o cenário ou a tarefa em questão, com a emoção boa que o acompanha. O processo requer vários minutos, até que o cliente sinta que conseguiu completar a tarefa com êxito. Caso haja dificuldades durante o processamento – por exemplo, se a pessoa vir-se como tendo fracassado na tarefa – trabalhamos na imagem interna do fracasso futuro como se fosse uma memória do passado e em seguida completamos o processamento até que se torne positivo de novo.

Sávio

Sávio começou a treinar para uma maratona e mais tarde competiu várias vezes nessa modalidade de corrida. Durante seu último treino, ele desistiu no meio, pois sentiu que era difícil demais. Desde então, ele viu-se incapaz de retomar seu ritmo de treinos e ficou com medo de reviver a necessidade de parar no meio na próxima corrida. Processamos essa memória e simultaneamente trabalhamos os planos futuros para correr em uma maratona próxima. Depois disso, Steve contou-me que ele não somente completou a corrida, mas que foi um dos primeiros a cruzar a linha de chegada!

Bernardo

Bernardo estava se preparando para correr uma maratona depois de ter parado de correr totalmente por dois anos. Ele treinou e sentia que não estava se aprimorando tanto quanto gostaria. Devido à falta de tempo, decidimos nos concentrar somente em um protocolo de EMDR que focalizasse o futuro. Mais tarde, ele relatou que seus resultados de corrida haviam melhorado, baixando em 28 minutos o tempo em relação à corrida anterior.

Evandro

Evandro veio para terapia quando se aproximava do último semestre de seu curso de mestrado. Ele só tinha que fazer mais algumas provas para finalizar os estudos e obter o grau de mestre. Ele havia conseguido chegar a esse estado tão avançado dos estudos apesar de sua ansiedade para fazer provas, que perdurava desde o ensino médio. Esse último semestre havia sido especialmente árduo e ele estava com medo das provas que se aproximavam. Ele se flagrou fugindo dos estudos. Fizemos alguns trabalhos relacionados ao EMDR e o futuro, no qual Evan se via estudando calmamente nos dias que antecediam as provas, chegando calmamente na sala de aula, fazendo as provas e saindo da sala. E isso foi o que de fato aconteceu.

Benício

Benício procurou-me para terapia depois de ter completado um terço de sua graduação em cinco anos. Ele era inteligente e perspicaz, mas não conseguia sentar e estudar. Ele matriculava-se nas disciplinas e no final das contas não fazia as provas durante os períodos de exames. Com a terapia EMDR, ele viu-se em um futuro no qual ele se sentava e estudava até finalizar o conteúdo. Depois disso, ele conseguiu completar a prova seguinte e o processo de melhora começou. Ele completou o restante do programa de bacharelado em dois anos.

Vale a pena saber

Trabalhar o futuro pode ajudar a desenvolver competências para superar a próxima tarefa, mas não é um substituto para trabalho do conteúdo passado. Conforme mencionado previamente, se nós não tratamos o problema a partir de sua fonte, mais cedo ou mais tarde ele retornará. Portanto, o trabalho de questões futuras com o EMDR é executado imediatamente antes de uma tarefa; ao fim de uma sessão, quando houver apenas alguns minutos de sobra e não há mais tempo para se abrir uma nova memória do passado; além, é claro, depois de finalizar com êxito as memórias de passado e os disparadores presentes, como uma parte final da terapia.

Uma das vantagens mais significativas do EMDR é que a capacidade para lidar com dificuldades fica com o cliente por muito tempo. Isso acontece por causa das competências desenvolvidas pela pessoa, que trabalham de dentro e não de fora para dentro. Em outras palavras, não é uma ideia ou uma sugestão vindas do terapeuta. No EMDR, estamos lidando com um conteúdo pessoal e individual. Por exemplo, se a dificuldade for de se concentrar enquanto se estuda para um exame na universidade, vamos em conjunto localizar uma memória do cliente, não necessariamente relacionada a estudos, de quando ele se sentou e conseguiu se concentrar com êxito. Podemos encontrar, por exemplo, o momento da infância quando se sentou por horas construindo aviões de montar (aeromodelismo). O tratamento ajuda a pessoa a conectar-se ao sentimento ou sensação necessários e usá-los para lidar com os desafios no futuro.

Crescimento Pessoal

Gustavo

Apesar do fato de ser relativamente bem sucedido em seu trabalho, ao passo que o irmão mal conseguiu manter-se empregado por vários anos, Gustavo sentia-se à sombra de seu irmão mais velho. Ele trabalhou várias memórias, dentre as quais uma de infância, na qual os pais forçavam o irmão mais velho a sair e a brincar com ele e a concordar que Gustavo o acompanhasse quando saía com amigos, mesmo quando Gustavo não se sentia bem-vindo.

Trabalhamos no ritmo de uma memória por sessão, até que Gustavo não sentisse mais emoções negativas quando se lembrava dessas recordações. Gustavo percebeu uma melhora assombrosa, mas ainda sentia que havia algo sobre seu irmão que o incomodava. No meio do processamento de uma memória mais recente, surgiu uma associação da qual não havia conscientemente se lembrado antes. Quando ele tinha 5 anos de idade e seu irmão mais velho 7, a mãe deles os levou para ver uma apresentação de mímica. Quando o ator escolheu um menino da plateia para subir ao palco e encenar junto com ele, escolheu Gustavo. Surpreendentemente, a mãe pegou a mão do ator e a colocou na mão do irmão mais velho, de modo que o irmão, e não Gustavo, subiu ao palco. Essa memória não era acessível a Gustavo no dia a dia, mas quando ele se relembrou dela, sentiu uma emoção negativa muito forte. Ela havia acomodado-se na base das emoções que frequentemente provocavam o sentimento de que seu irmão era a criança preferida e de que Gustavo vivia à sua sombra.

Vale a pena saber

Com a ajuda do EMDR, podemos reconhecer rapidamente os efeitos de vivências negativas precoces em nossas vidas no presente e neutralizá-las. Essas vivências funcionam dentro de nós, muitas vezes como uma pequena voz crítica. Com a ajuda do EMDR podemos reconhecer os eventos chave que criaram a história interna que não nos incentiva a crescer e a modificá-la e mudá-la para uma história mais positiva. Após uma terapia bem sucedida de processamento finalizado, não há necessidade de lutar contra aquela voz e tentar "nocauteá-la", como muitos tentam fazer, e não há necessidade de ensaios gerais ou de prática para se tentar eliminá-la. Nossa energia não precisa mostrar restrições em relação a eventos do passado. A energia que a pessoa costumava empregar para os esforços de "Não vou deixar essa voz interior vencer", "lutarei contra este impulso, essa vontade incontrolável", "mudarei essa história interna novamente", pode tornar-se disponível e direcionada para o presente, o desenvolvimento futuro e o progresso pessoal.

É verdade que a pessoa pode progredir por meio do esforço, mesmo quando "seus pés estiverem acorrentados" a eventos anteriores que nos arrastam para baixo e fazem com que nosso movimento para frente seja mais difícil – mas a pessoa pode mover-se mais facilmente depois que essas correntes tiverem sido removidas. O EMDR pode remover as correntes.

Capítulo 5: Demonstração da análise do EMDR em relação a um campo específico: medo de falar em público

O medo de falar em público é um problema relevante para inúmeros tipos de audiências. Neste capítulo, vou explicar o que é medo de falar em público, detalhar suas possíveis causas, esclarecer o que pode ser feito em termos de "primeiros socorros" e explicar como pode ser removido de suas raízes. É importante enfatizar que a despeito de que as explicações a seguir referem-se ao medo de falar em público, elas são relevantes para outras inibições que dificultam o funcionamento do indivíduo em tempo real.

O termo medo de falar em público é usado para descrever várias situações, tais como: o medo de fazer apresentações quando essas se relacionam a tarefas complexas, ou quando a pessoa sente como se estivesse diante da dinâmica de ansiedade, ao fazer provas/exames ou ansiedade de desempenho, já que a pessoa se percebe testada por "juízes" e há um medo de não desempenhar da melhor forma possível.

Há pessoas cujas dificuldades neste campo conectam-se a seus sentimentos de baixa autoestima ou de se sentirem fracassadas etc.

Algumas pessoas têm medo até mesmo de se levantarem, dizer seus nomes e profissão. Em tais casos, o problema não é o medo de falhar na execução da tarefa, mas sim de ser o centro das atenções!

Outras pessoas têm medo de falar diante de estranhos, mas não necessariamente diante de um grande grupo. Em outras palavras, esses indivíduos não sentem dificuldade diante de um grupo grande de pessoas que elas conhecem, mas a mera presença de algumas poucas pessoas desconhecidas será suficiente para fazer com que elas se fechem.

Outras pessoas têm dificuldade de falar diante de uma filmadora, não diante de pessoas. A situação causa grande embaraço, mesmo se estiverem sozinhas no recinto.

O medo de falar em público, assim como outros medos, é normalmente causado por eventos que promoveram a conexão entre a situação e sentimentos desagradáveis. Às vezes isso tem a ver com certa falha, que é similar a situações que causaram o medo de eventos futuros tais como: a pessoa sofreu um desmaio, fracassou ou teve um *feedback* negativo, foi ridicularizada, e desde então evita situações similares, só para se garantir.

Às vezes podemos ver pessoas que sofreram ou foram ameaçadas por algo que as fez sentirem como "estranhas ao grupo", em uma idade muito jovem. Elas gaguejavam, eram pobres, usavam roupas esquisitas quando eram crianças, eram extremamente pequenas ou grandes, gordas ou magras, ou usavam óculos estranhos desde muito cedo. Isso significa que a experiência passada contribuiu para a conexão que elas fizeram entre ficarem envolvidas em uma situação que as colocou no centro das atenções, ao sentimento indesejado que isso produziu e os impedimentos da situação. Em muitos casos, a conexão entre o evento no cerne do medo e o medo no presente é inconsciente. Pessoas ficam surpresas ao descobrir, durante a terapia de EMDR, os efeitos intensos que esses eventos têm sobre elas, quando estavam completamente inconscientes deles. Por exemplo, um cliente que havia estudado em uma escola religiosa e depois foi transferido para uma escola secular. Quando estava na escola religiosa, eles tinham que se levantar e cumprimentar os professores, todas as vezes que os docentes adentravam a sala de aula. No primeiro dia na escola secular, ele levantou-se e cumprimentou o professor, conforme seu hábito na escola anterior. Foi o único aluno a levantar-se. As outras crianças riram dele e o ridicularizaram. Desde então, ele teve dificuldades em situações nas quais tinha que ficar em pé, enquanto as demais pessoas permaneciam sentadas. Ele tinha consciência da conexão entre as duas situações, o que nos permitiu reprocessar a memória mais antiga para modificar a situação posterior.

Foi assim que trabalhei, por exemplo, com um homem religioso de 60 anos de idade, que tinha medo de falar em público. Quando nós "voltamos no tempo", veio à tona uma memória da época da "cheder" (escola religiosa Judaica de ensino fundamental) de quando ele, aos cinco anos de idade, foi colocado em cima de uma cadeira e forçado a falar. Todos os rostos pareciam ameaçadores, de modo que ele teve um branco. Nesse caso, o processamento dessa memória isolada ajudou bastante esse cliente.

Com outro cliente, o medo foi conectado a um medo de estranhos, que começou com um procedimento médico ao qual ele foi submetido quando era muito jovem e que ficou marcado na memória como "estranhos me machucando". O trabalho desse incidente fez com que ficasse mais fácil para ele expressar suas opiniões mais frequentemente.

Tais experiências, sejam conscientes ou não, levam o paciente a evitar situações nas quais precise falar diante de uma audiência. Há uma diferença entre evitação, que decorre de uma falta de ferramentas: "Somente se eu ensaiar e preparar é que saberei que tenho apoio e que posso seguir adiante", e aqueles outros casos nos quais o problema não pode ser resolvido apenas com ensaios prévios. O que ocorre com esses clientes ao falar diante de uma platéia é similar ao que acontece em casos de ansiedade com exames – eles podem dominar completamente o conteúdo, mas quando fazem o teste não se lembram de nada. Depois que o teste termina, eles conseguem se lembrar de tudo. Outros ainda organizam suas vidas de tal modo que, mesmo com antecipação, não precisem sequer tentar enfrentar o público. Eles simplesmente evitam totalmente a situação.

Às vezes as pessoas ficam ansiosas devido a uma vasta gama de temas e o medo de falar em público é apenas um contexto específico. Talvez elas percebam o medo de falar em público, já que o bloqueiam profissionalmente, mas se examinam suas vidas, veem mais e mais lugares nos quais eles se diminuem desnecessariamente. Se a conscientização não for suficiente e o esforço não for o bastante, então buscar terapia é definitivamente uma opção.

Nos casos de músicos ou de outros grupos que se apresentam normalmente diante de audiências, existe normalmente o conceito equivocado de que o ensaio será suficiente para fazer o medo de falar diante do público desaparecer. Fiz parte de um *workshop* no qual um dos participantes era um músico que se queixou de medo ao falar em público. Todo mundo caiu na gargalhada e pensou que ele estivesse brincando. Ele é um músico relativamente bem conhecido que se apresenta com certa frequência. Portanto, como isso é possível? Fui conversar com ele durante o intervalo e disse-lhe que eu sabia que ele não estava brincando, pois eu tinha clientes músicos que tinham medo de falar em público.

É comum na indústria da música a pessoa "descarregar" a ansiedade no álcool e nas drogas – o que só serve para aumentar a ansiedade, no fim das contas. Quando a ansiedade brota de um evento mais antigo que foi disparado, a exposição constante não necessariamente alivia a carga, mas pode na verdade pressionar cada vez mais, até que provoque dor. Além disso, quando não se lida com o problema em sua raiz, mas por ensaios e por apresentações, qualquer mudança nas circunstâncias pode reprimir a cápsula original e a ansiedade vai retornar. Se você já se acostumou a falar diante de vinte pessoas e foi convidado a falar diante de duzentas, a ansiedade pode ressurgir. Se você tiver se acostumado a falar diante de duzentas pessoas e é convidado a falar diante de mil pessoas, a ansiedade poderia retornar. Você se acostumou a falar em inglês e então é convidado a falar em uma língua estrangeira - a cápsula pode ser pressionada. Isso ocorre porque até que o evento original seja processado completamente, a cápsula original ainda está lá e pode ser ativada em tempo real.

O que acontece com nossos corpos em tempo real durante a ansiedade?

Temos dois sistemas operando em nossos corpos – um para emergência e um para a rotina. Quando ficamos estressados por algo que percebemos como ameaça, nossos corpos começam a mudar para o sistema de emergência. Com o sistema de emergência, o sangue e outros recursos deixam as áreas consideradas menos vitais e são canalizados para sistemas mais vitais, como nossos membros. Dos três sistemas considerados menos vitais que são afetados, um está mais relacionado a nós em conexão com o medo de falar em público.

O primeiro sistema afetado é o sistema sexual, já que é considerado como "apenas um extra" em momentos de perigo.

O segundo sistema é o digestivo. Em tempos de estresse, podem ocorrer dores de estômago, diarreia, náusea ou vômito, já que o corpo tenta livrar-se da comida e desviar sangue e outros recursos do sistema digestivo para o sistema de emergência.

O terceiro sistema afetado é o neo-córtex, o centro de pensamento mais elevado em nosso cérebro. Assim, em condições estressantes, a habilidade para pensar claramente é afetada. Nesse nível, as pessoas não conseguem lembrar-se de coisas das quais se lembravam um minuto antes, já que estão temporariamente impedidas de serem acessadas. Nessas situações, as pessoas sentem um tipo de inquietude e um desejo de sair de onde se encontram. Esse é na verdade um instinto de sobrevivência.

O nível que afeta a habilidade de pensar pode ser extremamente elevado em altos níveis de ansiedade. Eu tive uma cliente que era gerente de alto escalão de várias filiais de uma empresa e foi fazer um certo teste psicológico para avaliar possível transtorno de aprendizagem. O examinador perguntou para ela: "Quanto é sete menos quatro?" como uma questão inicial de filtragem. Ela não conseguia responder, levantou-se e saiu.

Obviamente, mesmo se estivesse dormindo ela saberia a resposta, mas a resposta lhe fugiu nessa situação de estresse agudo provocado pelo teste, na qual o modo de emergência que seu corpo entrou. Não importa o quão bem nós conheçamos determinado material ou a quantidade de ensaios, o conteúdo simplesmente não fica disponível. Não conseguimos nos relembrar ou sacar de nossas mangas a informação necessária. Uma vez que a situação estressante tenha passado, recuperamos acesso a esses materiais. O que ocorre com frequência é que decidimos saber exatamente o que tem que ser feito na próxima situação estressante, mas quando ela acontece, fazemos alguma coisa que não tem nada a ver com o planejado. Saímos da situação dizendo para nós mesmos: "O que aconteceu meu Deus?" Isso tem a ver com as reações fisiológicas do corpo em relação ao sistema de emergência.

É claro que há diferentes níveis de ansiedade. Há aqueles que sofrem bastante por causa dela e outros que sofrem em níveis menos elevados. Por vezes, mesmo um nível pequeno de desconforto em nosso corpo é suficiente para fazer com que evitemos qualquer contato com a situação.

Por exemplo, se viajamos de ônibus, descemos em uma parada e retornamos ao ônibus, mas não nos sentamos exatamente onde estávamos antes, experienciamos certo desconforto. Esse desconforto é devido à parte pequena do cérebro cujo trabalho é o de escanear o ambiente em busca de perigos. Quando ela confere o lugar que havíamos nos sentado e nos encontramos em um lugar novo com o qual não estejamos familiarizados, há desconforto. Aqui se trata do desconforto quando nos sentamos em um novo lugar no ônibus. Supostamente trata-se de um lugar seguro, como aquele no qual estávamos antes. No entanto, ainda assim sentimos um pequeno desconforto que é o suficiente para nos fazer querer sentar exatamente onde estávamos antes. De certo modo, o medo de falar em público funciona de modo muito parecido com isso, mas ainda mais. Mesmo um pequeno grau de desconforto pode fazer com que as pessoas evitem, mesmo que em um nível subconsciente, oportunidades de falar diante de uma plateia.

O medo de falar em público não é o tipo de problema que exija tratamento obrigatório. Deve-se levar em conta o nível de perturbação e de evitação, bem como o quanto nos sentimos incomodados com a situação. Eu recomendaria que não se espere até o ponto de o cliente não suportar mais a situação para buscar apoio profissional.

Em outras palavras, não espere para conseguir ajuda, se você sente desconforto. Além do mais, mesmo se a situação for percebida como suportável, é possível buscar terapia para melhorá-la.

Primeiros socorros para o medo de falar em público

Uma das coisas que podemos fazer em tempo real, quanto estivermos a ponto de entrar no palco ou quando a apresentação estiver para começar e nos sentirmos ansiosos – por exemplo, se você sente que a boca ficou seca (já que o sistema digestivo está se desligando) – é produzir saliva ou beber água. Isso força o sistema digestivo a começar a trabalhar novamente. O sistema digestivo sinaliza para o corpo que esta é uma situação corriqueira, não emergencial.

Esse é o motivo pelo qual, em filmes britânicos antigos, vemos personagens dizendo: "Meu Deus, todos eles morreram. Vamos beber um chá e nos acalmar". O que é que chá tem a ver com o que acabou de acontecer?! Bem, beber algo ajuda a trazer o sistema de rotina de volta ao funcionamento e sinaliza para o sistema de emergência que pode se retrair.

Quais tratamentos psicológicos eram oferecidos para o medo de falar em público no passado e o que podem oferecer hoje em dia?

No passado, havia métodos menos benéficos para tratar o medo de falar em público, como falar sobre o passado e suscitar questões do tipo: O que significa para você o medo de falar em público? O que é esse medo? Como é que seus pais contribuíram para isso? Etc. Isso é baseado na suposição equivocada de que somente a conscientização seja suficiente para uma mudança real.

Hoje em dia, vários métodos são usados, tais como terapia comportamental cognitiva, que ajuda clientes a revelarem os pensamentos negativos que conduziram a emoções negativas e depois tenta ajudá-los a pensarem de forma diferente. Por exemplo: "Precisa ser perfeito, ou então não vale a pena", ou "Tenho que funcionar bem, ou então algo horrível irá acontecer". Esses tipos de crenças serão expostos como pensamentos negativos e serão questionados. O problema com esta técnica é que tentamos lutar contra crenças negativas e não contra a razão para essas crenças existirem. Há certo nível de sucesso, mas não o quanto gostaríamos.

Em outras formas de terapia nas quais técnicas de exposição são empregadas, as pessoas praticam, praticam, praticam, até que o medo lentamente se desvanece. Infelizmente, o medo se desvanece para características específicas da exposição, de modo que quando as características se modificam – como o tamanho da audiência ou o idioma no qual irão falar – o processo da exposição precisa ser repetido. Por outro lado, há pessoas que praticam, mas o que elas na verdade conseguem é acumular experiências de fracasso em termos da própria prática – e portanto, criam um nova perturbação.... A prática sob certos níveis de ansiedade pode infelizmente conduzir ao aumento da ansiedade.

Outro método é chamado de *biofeedback,* por meio do qual a pessoa é encorajada a conseguir mais controle sobre suas funções corporais e a direcioná-las ao relaxamento – por exemplo: ao regular a respiração. Nesse caso, também há um problema semelhante ao anterior, pois tenta-se mudar o comportamento e não a causa.

Em comparação com todos esses métodos de tratamento, a estrutura do EMDR é diferente: o motivo para nosso comportamento não é nem o medo nem são os pensamentos negativos. Ambos são sintomas – sintomas de uma cápsula anterior ou de cápsulas de memórias de eventos passados que são mantidos em sua forma bruta.

Para lidar com esses sintomas, o que fazemos no EMDR consiste em duas etapas:

Na primeira, reconhecemos os eventos que criaram as cápsulas que são disparadoras enquanto a pessoa fala diante de uma plateia ("A professora me chamou para ir ao quadro e me deu um branco", ou "As crianças na minha sala caíram na risada quando eu fiz uma pergunta e depois disso eu nunca mais levantei a mão na sala", ou "Aquela vez em que eu me calei diante de um cliente muito importante e nós o perdemos", etc). É claro que não temos que lembrar disso antecipadamente e há modos anteriormente mencionados que nos ajudam a localizar as memórias relevantes durante a terapia. Em seguida, completamos o reprocessamento dessas memórias, de modo a suprimir os sintomas relevantes.

No EMDR, nós normalmente começamos a ver resultados dentro de apenas poucas sessões (que podem ser esparsas ou concentradas). Quanto à finalização do processamento de eventos difíceis com EMDR, conforme literatura científica que revela elevadas taxas de sucesso (77-90%, dependendo do número e da natureza dos eventos), podemos dizer que ocorre após várias sessões. Já quando os temas são focados, precisamos normalmente entre 3 e 12 sessões. Isso se aplica a casos menos sérios também.

Quando não temos tempo suficiente para o cliente seguir todo o percurso da terapia – por exemplo: quando o cliente me procura dois dias antes de uma tarefa importante ou de uma apresentação – podemos ajudá-lo usando o protocolo do EMDR para o futuro. É o mesmo processo imediato que usamos com atletas antes de competições e com músicos antes de apresentações, que permitem à pessoa experienciar a situação antecipadamente como uma história de sucesso, antes mesmo de seu início. Assim, a imagem de sucesso torna-se acessível quando for necessária em tempo real.

Ainda assim é como Cinderela e a abóbora – no sentido de que a "mágica" durou apenas até a meia noite... Se houver uma ansiedade básica profunda que segue sem ser tratada, então o EMDR desse futuro é algo que pode ajudar por no máximo dias, até que a ansiedade normal retorne. É um tratamento que pode ser feito de forma emergencial, se faltarem apenas alguns dias para a apresentação e a ansiedade ainda estiver presente. Algumas semanas antes da tarefa são suficientes para lidar com a causa da perturbação de modo mais fundamental, identificando e reprocessando os eventos que foram "pressionados", e eliminando o medo de falar em público. Mais uma vez, na terapia com o EMDR nós sempre queremos atacar o problema em sua essência e finalizar o processamento, de modo que o medo de falar em público não mais seja parte de nossas vidas.

Depoimento:

"Como parte do meu trabalho, sou músico e apresento-me várias vezes por mês. Aqui, também, me flagrei, bem como muitos de meus colegas, lidando com ansiedade durante apresentações. Depois de localizar os eventos formadores de vida (evento chave) e reprocessá-los, usamos projeção ao futuro com EMDR, de modo que eu conseguisse reforços positivos prematuros que me ajudaram a lidar melhor com a ansiedade, enquanto me apresentava. Isso significa que vários dias antes de um concerto eu imaginava a apresentação e inseria algum tipo de recurso positivo (autoconfiança, força, persistência, etc) em minha mente. Isso me ajudou significativamente durante a apresentação. Eu gostei muito de usar esse método no contexto de situações sociais e sexuais.

Outra coisa que consegui administrar melhor foi a compulsão por comer doces, como reação a uma 'baixa emocional'. Novamente, pesquisamos por incidentes a partir dos quais eu adquiri esse padrão de comportamento e, ao mesmo tempo, quais eram as razões para a 'baixa' e as tratamos como tal. Assim foi como consegui também me livrar desse padrão detestável de comportamento...

Capítulo 6: Informação adicional sobre EMDR

A batalha do EMDR

Em "O Instinto para a Cura: curando o stress, a ansiedade e a depressão sem medicamentos nem psicanálise" Dr. David Servan-Schreiber, psiquiatra e *neurologista* afirma:

"Um dos aspectos mais curiosos da história do desenvolvimento do EMDR é a resistência que o método encontrou na psiquiatria e na psicologia acadêmicas. Em 2000, a base de dados mais frequentemente usada para TEPT – a base de dados PILOTS na Administração do Hospital de Veteranos em Dartmouth (Dartmouth Veteran Administration (VA) Hospital) – registrou mais experimentos clínicos controlados com o uso do EMDR do que com relação a qualquer outro tratamento para TEPT. Os resultados desses estudos foram tão impressionantes que três estudos de "meta-análise"– estudos que revisaram todos os estudos previamente publicados – concluíram que o EMDR era ao menos tão eficaz quanto os melhores tratamentos existentes. Em vários casos, o EMDR também parecia ser o método mais bem tolerado e o mais rápido".

Desde que seu livro foi publicado, o EMDR já foi reconhecido pela Organização Psiquiátrica Americana e pela Organização Mundial de Saúde, meta-análises adicionais foram publicadas e há psiquiatras que praticam o EMDR. No entanto, os terapeutas que estão acostumados a tratar de clientes usando métodos que normalmente demoram muito mais do que o EMDR (especialmente terapeutas psicodinâmicos e psicanalistas) continuam a resistir a ele – em alguns países mais do que em outros. Esse é obviamente um grande infortúnio que comprova o medo de progresso e mudança.

Dr. Servan-Schreiber continua:
"Ainda hoje, o EMDR continua a ser descrito como uma abordagem "controversa" em muitos círculos universitários americanos (embora seja menos evidente na França, Holanda, Alemanha e na Inglaterra)... Na história da medicina, esse tipo de controvérsia é lugar comum. Quando grandes avanços ocorrem antes que seus alicerces teóricos sejam explicados, eles sistematicamente encontram resistência

violenta de instituições entrincheiradas – especialmente quando o tratamento é descrito como "natural" e aparenta ser 'simples demais' ".

É importante notar que a discordância entre alguns profissionais não é se o EMDR funciona ou não. A resposta para essa questão é clara – ele funciona, de acordo com todos os estudos realizados, e há muitos que confirmaram sua eficácia. É por isso que o EMDR é considerado como uma terapia baseada em provas. Os desacordos são relativos ao mecanismo exato no cérebro que promove essa eficácia específica.

A pesquisa nesse campo tem evoluído e há um número crescente de estudos com conjecturas sobre vários mecanismos no cérebro que podem explicar tais resultados incomuns. Vale mencionar que ainda não entendemos completamente o mecanismo específico no cérebro que explica o funcionamento de qualquer um dos tipos comuns de psicoterapias. Em outras palavras, a compreensão de como um mecanismo particular funciona no cérebro não é um critério necessário para diferenciar distintos tipos de terapia, vez que o conhecimento específico não existe para quaisquer métodos de psicoterapia, simplesmente porque o cérebro não foi completamente explorado.

Esse estado precário de informação, descrito em um livro publicado anos atrás, ainda reflete o atual estágio do conhecimento em muitos países. Eu gostaria de acreditar que seja impossível consultar a literatura ou ouvir os relatos clínicos com uma mente aberta e manter-se indiferente ao grau de alívio e ajuda que podem ser disponibilizados em tempo tão curto – um lapso de tempo que é uma fração daquele utilizado em outros métodos terapêuticos.

Infelizmente, muitos ficaram acostumados com a ideia de que o que demora pouco tempo tem que ser um "conserto superficial". Após milhares de horas de tratamento com EMDR, minha opinião é a de que este é O "conserto". Outros métodos apenas consertam mais devagar...

Convido não apenas o público em geral, mas também a comunidade terapêutica a interessar-se e a aprender mais sobre o EMDR. Não é um método ainda em desenvolvimento; aqueles que se interessarem já podem encontrar inúmeros artigos e estudos sobre o tema. Não perca a oportunidade de descobrir mais a respeito.

Minha filosofia como terapeuta

Um relacionamento terapêutico entre cliente e terapeuta não é igualitário. Ele não é completamente mútuo, como uma amizade. Em vez disso, ele tem uma hierarquia, é limitado no tempo e no espaço e, claro, custa dinheiro.

Ele não se assemelha a qualquer outra situação do dia-a-dia. Portanto, a mudança não irá ocorrer somente porque ele existe, mas sim pelo que deverá acontecer durante esse relacionamento.

Acredito que as pessoas mereçam muitas horas de atenção – de graça! – de amigos, colegas, membros da família, etc. Portanto, o objetivo da terapia, do jeito como entendo, não é uma hora por semana de atenção paga. Eu não ofereço um ouvido de alto custo, mas uma terapia de qualidade, durantre a qual você paga um preço justo pelo valor que recebe em troca.

Eu me oponho à abordagem que vê o tratamento psicológico como uma "hora de luz diante de toda a escuridão". Sou a favor de usar uma hora para iluminar toda a semana e depois toda a vida, sem a necessidade adicional de ajuda profissional.

Dessa forma, se alguém estiver sofrendo de falta de atenção na vida, em vez de oferecer apenas um pouco de atenção por uma hora de consulta por semana e ser paga para fazer isso – eu o ajudo em primeiro lugar a se livrar do motivo que causa o sofrimento por essa falta de atenção. Será que não é um problema relativo à dificuldade de confiar em outras pessoas? Carência de habilidades sociais? Um sentimento de baixa autoestima? De um jeito ou de outro, vamos tratar disso rapidamente, de modo que o cliente possa compartilhar seus pensamentos e emoções com seu ambiente e conseguir atenção, como deveria ser. Infelizmente, mais de uma vez eu ouvi pessoas que não eram minhas clientes referirem-se à terapia "como o único lugar no qual alguém realmente me escuta", enquanto à volta todo seu sistema de apoio entra em colapso. Acho essa descrição não somente desqualificante, mas também prejudicial para o conforto futuro e a prosperidade da pessoa.

Há muitos meses atrás, quando retornava de um evento, eu viajei de carro com um jovem que, como muitos outros, se abriu comigo assim que soube que eu era terapeuta. Ele me falou sobre o relacionamento destrutivo e abusivo em que ele se encontrava com a namorada, o que causava nele um incrível sofrimento, e ainda assim não conseguia reunir forças para sair daquela situação. Quando perguntei como havia sido o passado dele, ele contou-me que quando era criança, os pais costumavam bater nele, especialmente a mãe. Eu então perguntei, já que esse era o caso, por que ele não procurava ajuda psicológica.

Surpreso com minha pergunta, ele disse que já estava em terapia por um ano e meio e ainda não experimentara qualquer melhora. Ele continuou a contar-me que, apesar de a cada sessão ele relatar ao terapeuta o que havia acontecido na semana anterior, ainda não conseguia entender como isso poderia ajudá-lo a melhorar seu quadro. Ele perguntou-me o que eu faria, e respondi: "Eu trabalharia com você no processamento de suas vivências de criança espancada. Parece-me muito provável que haja uma conexão forte entre o abuso que você suportou e sua inabilidade de romper com um elemento abusivo no presente. Quando completarmos o processamento de suas experiências passadas, poderemos ver como isso afeta os sentimentos atuais". Uma semana mais tarde começamos a trabalhar juntos. Ele sentiu-se mais fortalecido e depois de pouco tempo foi capaz de terminar o relacionamento abusivo com a namorada.

Este caso fez-me lembrar de um incidente que ocorreu há muitos anos atrás. Um homem aproximou-se de mim e me falou que estava fazendo uma terapia excelente havia três anos, que ele adorava ir para as sessões e que o terapeuta o conhecia muito bem – "um deleite absoluto" ele proclamou. "Que beleza! Fico feliz em ouvir isso. Qual foi o motivo que o levou inicialmente para a terapia?" perguntei. "Ansiedades e uma inabilidade de formar relacionamentos íntimos", ele respondeu. "Ah, sei. E como esses temas se desenvolveram desde que você começou a terapia?". O rosto dele se retorceu levemente e pouco tempo depois ele começou o tratamento comigo. Depois de trabalhar com ele usando a terapia EMDR, as ansiedades desapareceram. Pela primeira vez na vida, ele iniciou um relacionamento amoroso que continua até hoje.

É por causa de resultados como esses e outros foi que escrevi o apêndice B, sobre mitos comuns sobre terapia que podem custar muito aos clientes. Minhas sessões com muitos clientes fizeram com que eu me deparasse com vários exemplos tristes de situações que se originaram de suposições tradicionais sobre terapia.

Nunca vou me esquecer de um dia quando uma cliente novata veio para tratamento e ao entrar no consultório olhou à volta e disse: "As cadeiras são da mesma altura?" Respondi que havia comprado um par de cadeiras idênticas e perguntei por que ela estava surpresa. Eu já começara a conjecturar sobre a possibilidade de ela sofrer de algum tipo de consciência compulsiva por simetria, um sintoma comum de ansiedade de alto nível. Ela respondeu que era porque sua terapeuta anterior havia dito que a cadeira da terapeuta precisa ser maior do que a do cliente. Expliquei para ela que nossos papéis neste consultório não tinham nada a ver com a altura de nossos assentos.

Outro cliente disse-me que uma vez pediu por uma xícara de café, se possível, depois de chegar cansado à sessão com seu terapeuta prévio. Por 50 minutos (e muito dinheiro) o terapeuta falou sobre o que significava ele ter pedido por um café, o porquê de não ter pedido antes, no passado, e o que isso dizia sobre o relacionamento deles no consultório de terapia etc. Ele me disse que depois disso ele havia ficado com medo de pedir qualquer coisa ao terapeuta, até mesmo um copo d'água.

Outra cliente contou-me como a terapia dinâmica a fazia sentir-se menos inteligente do que ela realmente era – já que toda vez que ela chegava um pouco mais cedo, um pouco mais tarde ou na hora certa, tudo poderia inspirar interpretações infindáveis, por parte da terapeuta.

Uma vez conversei com um homem de negócios que me disse que a terapia tradicional soava para ele como um perfeito programa de continuidade – você pode sempre conversar sobre o que aconteceu na semana anterior e sobre o que acontece durante a sessão, já que sempre haverá outra semana e outra sessão...

Freud foi um gênio em seu campo e um grande teórico, mas seus escritos sobre clientes não são resultado de pesquisa. Eles são em sua maioria uma coleção de estudos de caso de clientes – a quem ele infelizmente **não** ajudou muito como terapeuta.

Com base em milhares de horas de tratamento com EMDR, conversa com colegas israelenses e outros no estrangeiro, leitura de centenas de artigos e acompanhamento de trabalhos de campo, acredito que o EMDR traz consigo uma grande esperança para a humanidade. Essa abordagem é a revolução pela qual estávamos esperando no mundo da psicoterapia moderna. Acredito que todo indivíduo tem o direito a terapia eficaz – que o ajude não de forma lenta, mas eficiente e no tempo adequado.

Sou a favor de agirmos de modo a corresponder plenamente ao potencial humano, não nos contentando com uma forma reduzida. Viver com uma estrutura psicológica limitada quando há outras possibilidades é uma tristeza; e este livro é minha forma de contribuir para essa mudança crescente que se aproxima. Um dos motivos pelos quais escrevi este livro foi desmistificar alguns aspectos da psicoterapia, tais como a percepção equivocada de que basta alguém ouvir o que você tem a dizer e comentar com empatia sobre o tema, bem como ajudar a mudar a terapia atual de tal modo que o cliente possa conectar-se aos próprios recursos, de forma a completar o processamento dos eventos passados que não foram processados em tempo real.

Inspirada pela inventora do EMDR, Dr. Francine Shapiro: Como a consciência promove avanço da conquista científica

Dr. Francine Shapiro era uma estudante de doutorado em literatura inglesa, quando foi diagnosticada com câncer. Após a cura, ela decidiu mudar de carreira e fez outro doutorado – em psicologia. A área na qual ela estava mais interessada era a conexão mente-corpo e como a perturbação emocional afetava a resistência física. Muitas invenções em ciência foram a princípio descobertas ao acaso e depois expandiram-se por causa do comprometimento de cientistas que repetiram o experimento inúmeras vezes. Esse é o caso com o EMDR. Dra. Shapiro descobriu um dia que quando ela repetia os movimentos que os olhos fazem durante o sono do sonho (Rapid Eye Movement - REM), isso melhorava o humor dela consideravelmente.

A maioria das pessoas, quando encontram uma situação inesperada pela primeira vez, a consideram como uma ocorrência estranha e a descartam. Cientistas, no entanto, mergulham no tema e não o abandonam. Quando Dra. Shapiro percebeu que alguma coisa diferente havia ocorrido, recriou o que havia ocorrido e deu-se conta de como ela percebia o conteúdo de modo diferente do que havia percebido no passado. Ela recriou para si mesma e quando se deu conta de que funcionava, começou a fazer com os colegas e amigos, bem como com qualquer pessoa que se voluntariasse para fazê-lo.

Em seguida, para testar sua descoberta, ela começou a trabalhar com clientes que sofriam de traumas vivenciados na guerra do Vietnam. Essa foi a base para a tese de doutorado dela. Por meio de ensaio e erro, ela prosseguiu com a construção de um método que originalmente se adequava não somente a quem tivesse vivenciado um incidente negativo ou único, mas também servia para aqueles que haviam passado por uma emoção negativa e sofrido de pós-traumas e traumas múltiplos.

Acredito que Dra. Shapiro deveria receber um Prêmio Nobel por conta da revolução da terapia de EMDR nos campos da Psicologia e da saúde e pela contribuição que o EMDR tem dado no aprimoramento de milhões de vidas pelo mundo afora. Enquanto isso, ela já recebeu os seguintes prêmios:

- Prêmio mais importante para psicoterapeutas: o Prêmio Internacional Sigmund Freud para Psicoterapia da cidade de Viena, Áustria.
- Prêmio da American Psychological Association, pela seção de tratamento de trauma por avanços de destaque no campo da psicologia do trauma.
- Prêmio da Associação de Psicólogos da Califórnia, por Avanços Científicos de Destaque em Psicologia.

Apêndice A – Quando a pessoa deveria ir para terapia e como isso pode ajudá-la?

Resumindo: A pessoa deveria buscar terapia quando experiencia dor emocional e sofrimento, ou depara-se com obstáculos internos que obstruem seu caminho.

De modo mais detalhado:
A. Quando sofre de: ansiedade, pesadelos, crises de raiva, crises de choro, complexo de inferioridade, depressão e desespero, bem como comportamentos compensatórios, como obsessão por comida, sexo ou compras, etc.

De vez em quando podemos todos experienciar esses sentimentos. Entretanto, quando o sofrimento decorre de níveis de perturbação mais expressivos, tal como a sgnificativa intensidade do sentimento, a frequência com a qual a pessoa o experiencia, bem como as implicações em outras áreas de sua vida, deve-se considerar a busca por ajuda.

B. Quando lidamos com uma crise ou nos debatemos com dificuldades experienciadas no passado ou iminentes no futuro, tais como: ataques terroristas, acidentes de carro, perda de um amigo próximo ou de um ente querido, assim como experiências mais comuns como uma separação, rejeição (social ou afetiva), fracasso ou término, ou demissões no trabalho.

C. Quando experienciamos sentimentos de paralisia na vida, sentindo como se estivéssemos encurralados em um "beco sem saída", sem a habilidade de seguir em frente ou de mudar. Isso inclui dificuldades com relacionamentos interpessoais, com aspirações profissionais ou promoções, bem como um sentimento geral de vazio e falta de objetivos de vida.

Exemplos:
- Lidar com eventos traumáticos – acidentes, ataques, atentado terrorista, morte de um amigo próximo ou um ente querido, etc.
- Lidar com crises da vida – traição, separação, divórcio, término de um trabalho, desemprego, depressão pós-parto, etc.

- Administrar ansiedade e fobias – medo de situações públicas, ansiedade para fazer exames, ansiedade de desempenho, medo de cachorros, fobia de dentista, pesadelos recorrentes, etc.
- Mudar padrões de comportamentos repetitivos – dificuldades com relacionamentos íntimos, birras, repetidas tomadas de decisão equivocadas, indecisão, procrastinação, etc.
- Eliminar obstáculos internos para conseguir seu melhor desempenho – para atletas que procuram aprimorar o desempenho antes de uma competição; para estudantes antes de testes importantes, como ingresso na universidade ou testes psicométricos, etc.; para artistas antes de espetáculos e testes para conseguir um papel; para executivos que querem aprimorar a habilidade de montar apresentações e negociações de êxito, e melhorar a autoestima antes de solicitar um aumento ou promoção.

Faça você também um teste:
- Você experimenta sentimentos negativos por um período significativo de tempo, ou como o resultado de uma crise ou evento, que não aparenta melhorar por conta própria?
- Você sente que tem obstáculos internos que impedem ou inibem seu avanço e superação, mesmo que em teoria você saiba o que precisa ser feito?
- Você já percebeu que exibe padrões de comportamento que o afetam em sua vida pessoal ou profissional e que a conscientização do problema por si só não é capaz impedir sua reprodução?
- Você tem sentimentos desagradáveis, ou medos e preocupações que o impedem de falar diante de um público, que fazem com que você se sinta desconfortável por ser o centro das atenções e impedem seu avanço na vida pessoal ou profissional?
- Você tem uma tarefa desafiadora relacionada aos esportes, à profissão ou à esfera pessoal que o aguarda, mas precisa de um reforço para te dar o ânimo que necessita para finalizá-la?

Se você respondeu SIM a ao menos um item acima, o tratamento apropriado pode ajudar.

Como a terapia pode ajudar?

- **Ajudando-nos a entender a nós mesmos, bem como ao nosso ambiente** – muitos tipos diferentes de tratamento são elaborados sobre a suposição de que quando a pessoa estiver consciente do que o impulsiona, seus problemas estarão resolvidos. Como resultado, o tratamento foca apenas na **conscientização** de processos emocionais internos. Na verdade, isso é insuficiente, já que é necessário outro estágio além da consciência e da vontade – a **habilidade** para mudar.
- **Obtendo novas ferramentas** – para conseguir *insight* e revelação, para lidar com processamento emocional e para tentar novas experiências.
- **Reprocessando memórias e eventos de nosso passado** – completando o processamento de experiências que continuam a nos afetar negativamente e a nos impedir de seguirmos em frente.

Apêndice B – Sete mitos comuns (e caros) sobre psicoterapia:

A. pensamento de que desde que haja um bom motivo para ficar deprimido / emperrado, nada pode ajudar.

Primeiro, há muitas medidas de emoção. Uma delas é a direção geral da emoção – positiva ou negativa. Essa é uma medida dominante, mas não a única. A escolha dessa opção ajuda a intensificar o nível de perturbação, sem disparar os sinais de aviso. Critérios adicionais deveriam ser destacados para reconhecer a perturbação e considerar a necessidade de ajuda:

1. A intensidade da emoção.
2. Sua prevalência – o quão frequente ela é?
3. Ramificações – o quanto que ela influencia e compromete o funcionamento da pessoa?

Ignorar esses critérios legitimiza o declínio, porque "a pessoa tem um bom motivo para se sentir mal" e pode não captar sinais que indicam a necessidade de buscar ajuda. Em segundo lugar, a dificuldade não tem que ser completamente destacada da realidade, pois há um jeito de ser tratada adequadamente. É possível trabalhar no fortalecimento da pessoa em face de uma realidade difícil ou mesmo diante de doenças crônicas.

Por exemplo, a terapia de EMDR serve para tratar aqueles afetados por um terremoto. Algumas pessoas perguntam-se: "Qual o propósito? Não é agradável dizer, mas haverá outro logo". A resposta é que se não processarmos adequadamente as memórias mais antigas de terremotos, cada terremoto subsequente dispara a lembrança dos prévios, aumentando nosso nível de ansiedade. Em contraste, quando processamos as memórias mais antigas adequadamente, o terremoto não dispara a ansiedade de terremotos anteriores, bem como proporciona um sentimento acessível de resiliência e sobrevivência em eventos anteriores. Logo, o reprocessamento de eventos passados cria dentro de nós uma resiliência em relação a eventos futuros.

B. A crença de que o máximo que podemos esperar conseguir com um tratamento é a conscientização; e a conscientização combinada com a autodisciplina é suficiente para promover a mudança.

Muitos tipos de terapia são construídos sobre a ideia de que no instante em que a pessoa consegue reconhecer o que a incomoda e identificar suas origens, ela poderá resolver a maioria de seus problemas. Respectivamente, o tratamento focaliza em criar uma consciência dos processos que formam essa pessoa interpessoalmente e psicologicamente. Aliás, para uma mudança ocorrer a pessoa não só necessita conscientizar-se, mas também a desenvolver a habilidade de promover essa mudança. Realmente não é suficiente reconhecer um padrão específico de comportamento ou suas origens. Muitas vezes, há uma necessidade de mudança psicológica profunda e não apenas a consciência do problema, para que a mudança no comportamento ocorra.

Ademais, com o tratamento correto, podemos conseguir muito mais do que apenas uma lenta conscientização de um padrão de comportamento. Podemos conseguir uma mudança significativa desse padrão em poucas semanas. Às vezes, a autodisciplina pode ajudar, mas normalmente ela está longe de ser suficiente. Podemos conseguir resultados de um modo eficaz com o reprocessamento das raízes para esses padrões. Assim, a energia que usamos para superar as experiências e os obstáculos do passado não é mais demandada e pode ser alocada em outros campos – para nosso crescimento e desenvolvimento pessoais.

C. O pensamento de que há um método de tratamento padronizado ou uniforme.

Essa abordagem leva muitas pessoas a sentirem que o tratamento não as ajudará devido a tentativas frustrantes ou ineficazes do passado que podem comprometê-lo. Às vezes elas até mesmo se culpabilizam e dizem coisas destrutivas como: "tenho uma cabeça ferrada e não pode ser consertada". Este é um erro sério. Um tratamento inadequado poderia não ajudar e, às vezes, trazer prejuízo, mas um terapeuta capaz de conduzir um tratamento adequado pode ser muito útil, até mesmo em um curto espaço de tempo.

Pesquisas e minha experiência mostram que mesmo aquelas pessoas que não fizeram progresso com muitos anos de psicoterapia usando determinado método podem ser tratadas com outros métodos de tratamento dentro do prazo de poucas semanas ou meses.

D. A confusão entre profundidade e duração, quando se trata de terapia.

Na prática, a terapia pode ser longa e superficial ou curta e substancial. A substância do tratamento não é uma questão de tempo, mas sim do que se consegue promover nesse tratamento, bem como o nível de mudança que é obtido. Em outras palavras, em que medida é uma mudança fundamental e não apenas cosmética? Às vezes, refere-se ao EMDR como "psicanálise em alta velocidade", não apenas porque toca temas em profundidade, mas também por causa da velocidade, do pouco tempo requerido para processar as memórias, pela descoberta de insights e pelo alívio.

Às vezes pessoas tendem ver o EMDR com um olhar negativo, chamando-o de "terapia de concerto rápido". Proponho repensarmos o ponto de referência quando falamos de duração de tratamento. É possível encará-lo como uma terapia rápida exatamente com o ângulo oposto – como um meio eficaz para resultados significativos – e considerar terapias mais lentas como um prolongamento desnecessário da terapia.

E. O cálculo do custo com base em uma sessão e não na terapia completa (custo por sessão multiplicado pelo número de sessões).

Antes de mais nada, preciso afirmar que em minha opinião uma terapia que não traga resultados, mesmo se de graça, ainda é cara. Entretanto, neste contexto refiro-me apenas ao aspecto monetário. Você precisa fazer as contas para saber o quanto a terapia realmente custa. Uma terapia que demore de dois ou até três anos não é incomum. Multiplique o custo de uma sessão por 100-150 semanas, este é o custo monetário real da terapia. Mesmo um ano de terapia, que é considerado relativamente curto, com essas mesmas condições, significa o custo da sessão vezes 50 semanas.

Por outro lado, com a terapia mais rápida, mais eficaz, a pessoa normalmente não precisa esticar além de algumas semanas quando houver motivos específicos ou alguns meses para situações mais complexas. Portanto, mesmo se o terapeuta cobrar um pouco mais ou mesmo muito mais por sessão, a terapia em si ainda custa muito menos em comparação com a opção anterior.

F. Comparar o custo total da terapia a zero, em vez de o custo de não ter qualquer tipo de terapia.

Sofrimento, sentimentos emperrados e obstáculos internos nos afetam não só psicologicamente, mas também financeiramente. Medos, ansiedades, baixa autoestima e crises que se refletem na arena profissional e fazem com que tenhamos rendimento abaixo do esperado no trabalho, conduzindo a:

Para empregados assalariados:
- Aumento do risco de interrupção (ser demitido), redução da chance de promoção (porque seu trabalho não é perceptível, ou você não se sente confiante em pedir uma promoção);
- Redução de suas possibilidades de conseguir outro emprego;
- Evitação de pedidos de aumento

Para os autônomos:
- Oportunidades perdidas de avançar e conseguir clientes/ estar na vanguarda
- Procrastinação (de modo que os projetos rentáveis são adiados)

Sofrimento, medos, ansiedade, baixa autoestima e crises que se manifestam no campo pessoal podem causar estresse financeiro, assim como emocional.

Dificuldades com relacionamentos íntimos causam não somente coração partido, mas também nos impedem de ter um parceiro ao longo da vida para compartilhar os de viver e criar os filhos. Por exemplo, o custo financeiro do divórcio é muito mais elevado do que o custo de gastar seu tempo trabalhando o relacionamento. O custo financeiro de um divórcio litigioso é muito mais elevado do que o custo da terapia que facilite um divórcio consensual. É claro que se nos sentimos melhor, há menos necessidade de hábitos dispendiosos (vou para a loja X, comprar Y e então me sentirei bem por um tempo) para compensar a pessoa por se sentir mal.

G. **Objetivos desconectados – a confusão entre os meios e o propósito, quando o relacionamento com o terapeuta se torna o fim e não o meio, às expensas do propósito da terapia.**

Primeiramente, é claro que ter uma boa fundação no relacionamento com o terapeuta é importante, de modo que a terapia mostre resultados. Em segundo lugar, um bom relacionamento terapêutico pode ser uma âncora e prover encorajamento e apoio em tempos difíceis, bem como uma fonte de força para superar outros desafios de vida. Em terceiro lugar, podemos aprender sobre nós mesmos e nosso relacionamento a partir da interação que ocorre no próprio relacionamento terapêutico; examinar, ver e praticar o que podemos fazer de vários modos e implementar esse entendimento fora do consultório.

Entretanto, pode ocorrer uma confusão entre os meios e o fim, ou propósito. Pessoas que estão em terapia por muito tempo, na verdade por anos a fio, me dizem ter uma conexão surpreendente com outro terapeuta, que os compreende e que fazem da terapia um processo agradável. Contudo, quando realmente examinamos o motivo pelo qual inicialmente foram para terapia e o quanto a situação delas melhorou, vemos muita pouca evolução ou às vezes nenhuma.

Terapia é um meio e não um fim em si mesmo (ou propósito) e isso funciona também para a terapia de qualidade. A fim de evitar a confusão que acabei de descrever, é importante saber os motivos pelos quais estamos buscando terapia, para começo de conversa, ou quais são os motivos para continuar o tratamento, e conferir com regularidade para ver se há quaisquer melhoras ou avanços em nossas vidas, tanto dentro quanto fora da sessão de terapia.

Apêndice C – Critérios recomendados para escolher tratamento psicológico

Você não está contente com sua realidade atual. Você quer uma mudança, mas há tantas opções, tantos métodos e técnicas! Como você pode saber qual o melhor método de tratamento? Os quatro problemas que as pessoas encontram quando escolhem uma psicoterapia são:

1. **Confiabilidade** – Como posso saber se o método de tratamento é confiável, em oposição às "ruminações" inúteis,

os tipos que fazem com que tantas pessoas percam fé na psicoterapia?

2. **Eficácia** – Como posso saber se o método de tratamento irá ajudar no menor período de tempo possível e não prolongar meu sofrimento, bem como incorrer em custos adicionais?

3. **Profissionalismo** – Como posso saber se a pessoa que me trata é a melhor pessoa para me tratar e não um charlatão? Estou em boas mãos?

4. **Resultados** – Como posso saber o quanto antes se o tratamento está realmente funcionando e não estou apenas desperdiçando tempo, dinheiro e esforço?

A solução para esses problemas deveria ser a escolha de um profissional experiente, confiável, habilitado em uma terapia eficaz e não menos importante – rápida e mensurável.

Escrevi os critérios relevantes que sugiro sejam empregados na escolha do método correto de terapia e em parênteses eu respondo às questões pertinentes ao EMDR.

Confiável

1. Este é um método cientificamente comprovado com dezenas de estudos provando sua eficácia? (SIM (1))

2. Há organizações de tratamento internationalmente reconhecidas que verificam a eficácia do método em questão? (SIM (2))

Eficaz

3. Há estudos que comparam este método a outras opções de tratamento, apontando sua preferência? (SIM (3))

4. Você consegue sentir uma melhora significativa após apenas algumas sessões; e com objetivos mais específicos, o conjunto da terapia dura apenas poucas sessões? (SIM)

Profissional

5. Aquelas pessoas autorizadas a usar essa terapia são terapeutas profissionais e têm recebido treinamento suficiente? (Você precisa conferir pessoalmente – veja o próximo apêndice para detalhes);

6. Os terapeutas recebem treinamento regular e supervisão de modo a estarem atualizados nos conhecimentos clínicos e teóricos? (Você precisa conferir pessoalmente – veja o próximo apêndice para detalhes);

7. Os terapeutas também têm experiência com casos complexos, de modo que possam lidar com situações difíceis quando necessário? (Você precisa conferir pessoalmente – veja o próximo apêndice para detalhes).

Mensuração

8. Há um jeito de saber se o tratamento está funcionando? Há medidas para averiguar mudanças e melhoras dentro da própria sessão, bem como no mundo real, em intervalos regulares? (SIM).

Como a ajuda é fornecida

9. Ela oferece ferramentas? Ajuda a lidar com confrontos? Consegue identificar quais são os temas relevantes? Consegue livrar-se da raiz do problema? (A conscientização não é suficiente para permitir que a mudança ocorra. A ferramentas podem nos ajudar grandemente, mas apenas até determinado ponto. O tratamento com EMDR liberta a pessoa da fonte do problema, ao ponto que não precise mais de tratamento).

10. É necessário fazer 'dever de casa' ou tarefas antes das sessões de terapia? (NÃO)

(1) Uma longa lista de estudos corrobora a eficácia of EMDR. Veja uma lista breve no link a seguir: http://www.emdrhap.org/emdr_info/researchandresources.php#trials

(2) Incluindo recomendação da: Associação Psicológica Americana, Associação Psiquiátrica Americana e Departamento de Estado dos EUA para Assuntos dos Veteranos (para o tratamento de veteranos do Vietnam), Ministério Britânico de Saúde e muito mais, como a própria Organização Mundial de Saúde. Veja uma lista das principais

instituições terapêuticas que reconhecem a eficácia da Terapia de EMDR no link a seguir:
http://www.emdrhap.org/emdr_info/
researchandresources.php#treatment

(3) Veja uma lista completa de estudos amostrais, incluindo estudos comparando o EMDR com outros métodos de tratamento que constataram que o EMDR ajudou com menos sessões, em taxas mais elevadas e com menos abandono de terapia.
http://www.emdrhap.org/emdr_info/
researchandresources.php#trials

Apêndice D – Critérios recomendados para selecionar o terapeuta certo de EMDR

O EMDR é um método que requer técnica. Pensar que sua essência é apenas "estímulo bilateral" ou "movimento ocular" é como dizer que a base da terapia tradicional é movimento dos lábios.

Um cliente uma vez me disse que após um programa de TV com o psiquiatra Dr. David Servan-Schreiber, que ele tinha assistido há muitos anos atrás, ele tentou ajudar sua namorada, que havia sofrido um trauma, em casa. O resultado foi que a perturbação dela piorou e ela até mesmo tentou se matar. É um método poderoso e há razões excelentes para que o EMDR só possa ser praticado por terapeutas certificados em saúde mental.

A diferença entre a terapia de EMDR com um terapeuta experiente vs. um terapeuta iniciante pode ser tão grande quanto a diferença entre o Céu e a Terra com respeito ao tempo decorrido e a agenda. Tive clientes que haviam tentado a terapia com EMDR antes e que não tiveram êxito por esse motivo.

A despeito do fato de que o protocolo seja muito estruturado sobre uma memória específica, há necessidade de um conhecimento técnico, habilidade e experiência na hora de se montar um plano terapêutico, bem como a habilidade de intervir durante a terapia, caso o processo fique emperrado. Uma vez que o papel do terapeuta de EMDR é o de permitir que o processamento aconteça, ele é quem deve regular o que fazer para que todos os quatro canais (sensório, cognitivo, emocional e somático) sejam processados e como retomar o processo se o nível de perturbação persistir.

Terapeutas já podem tratar de alguns clientes com EMDR depois de apenas terem terminado o primeiro módulo do treinamento básico, mas só após o segundo nível é que se pode concentrar na montagem de um plano de tratamento em terapia de EMDR mais completo – um elemento importante que pode ser a diferença entre uma terapia rápida e exitosa, de uma insatisfatória.

Infelizmente, muitos terapeutas terminam o treinamento, mas não se mantêm atualizados. Minha recomendação é a de não se consultar com um terapeuta que não tenha completado no mínimo o treinamento básico em EMDR. O profissional que só fez o primeiro módulo ainda precisa de mais formação.

Eu recomendo que você procure um terapeuta que já:

1. tenha recebido o título de Terapeuta Certificado como terapeuta de EMDR ou
2. tenha finalizado o treinamento básico em EMDR e que participe regularmente de supervisão em EMDR.

Por ser uma pessoa que já entrevistou terapeutas para decidir quem contratar para a cadeia de clínicas que administro, já me encontrei e já conversei com centenas deles. Infelizmente, com frequência encontro terapeutas que completaram o nível 1 e pararam aí (e às vezes sem muita prática usando a abordagem), ou terapeutas que pararam de participar de sessões de supervisão, de modo que eles na prática confiam em suas memórias de longo prazo no que concerne à aplicação do método. O vínculo entre eles e a terapia de EMDR é com frequência puramente coincidente.

Não desista dos pontos a seguir! Pode ser a diferença entre os resultados extremamente eficazes descritos no livro e uma terapia que seja muito mais longa e menos eficaz.
Pergunte a seu terapeuta:

1. Quantos níveis de treinamento em EMDR você completou? (Procure por aqueles que fizeram ao menos o nível 2 ou acima).

2. Você consegue usar o EMDR como uma psicoterapia e não apenas como uma técnica? (Procure por EMDR como uma psicoterapia).
3. Você consegue e pratica o EMDR como uma "terapia por si só"? (Procure pela habilidade de usar o EMDR como uma terapia por si só).
4. Quantas horas de EMDR você pratica por mês? (Procure por um número de 2 dígitos).
5. Quantas sessões de supervisão de EMDR você já teve desde que terminou seu treinamento básico? (Procure por ao menos 10 sessões de supervisão de EMDR no último ano).

EMDR é uma abordagem psicoterápica, não uma técnica. Um terapeuta que o considera como uma técnica não utiliza o potencial do EMDR. **Um terapeuta que não busca a atualização e não se mantém em forma com relação a suas habilidades de EMDR está longe de ser capaz de ajudar do melhor jeito possível.**

Apêndice E – Primeiros Socorros em Caso de Emergência

O que acontece conosco?
- Nosso corpo dispõe de vários mecanismos para nos levar de volta à saúde perfeita – seja por uma necessidade física, tal como um corte ou fratura de uma parte do corpo que se modifica e se conserta ao longo do tempo, ou por uma necessidade psicológica que nosso cérebro tenta processar logo em seguida, quando estamos despertos ou mesmo quando dormimos, através dos sonhos.
- Quando lidamos com uma situação mobilizadora e quando não nos encontramos de posse de todas as nossas forças (seja por causa de um estado de fraqueza, tal como fadiga ou doença, seja por desamparo, devido à tenra idade), nosso cérebro é inundado e torna-se incapaz de processar completamente o evento em tempo real.

- Os resultados são que a memória daquele evento fica armazenada no cérebro de forma bruta, processada de modo incompleto com os pensamentos, sentimentos, sensações corporais, imagens, sons e cheiros do evento.

- Isso significa que quando um estímulo externo no presente se relaciona ao conteúdo não-processado, ele é re-experienciado, em sua forma bruta, não elaborada. Então, as mesmas emoções intensas do evento passado são revividas, de modo desproporcional.

- Podemos sentir um ou mais dos seguintes:
  o Mais irritabilidade
  o Mais tristeza / mais sensibilidade
  o Inquietação (mental ou física)
  o Mais ansiedade (querendo evitar coisas que não evitávamos no passado)

- Podemos experienciar *flashbacks* – partes do evento (imagens, cheiros ou sensações) irão emergir involuntariamente quando sonhamos ou quando estivermos despertos.

Algumas más notícias, mas não se preocupe (haverá notícias melhores daqui a pouco):

- Memórias que não foram processadas apropriadamente são mantidas de forma bruta em nosso cérebro, separadas das memórias apropriadamente processadas que podem ter ocorrido mais cedo ou mais tarde, e não se modificam, mesmo depois de informação mais nova.

- Um exemplo é o TEPT – uma porta que bate pode soar como uma arma que dispara e leva a pessoa de volta ao campo de batalha. Mesmo quando novas experiências tiverem sido acrescidas à rede de memória geral e estamos completamente cientes de que anos já se passaram desde a batalha, o conteúdo bruto ainda está lá e no instante em que for disparado, nos leva de volta àquele evento e começa a se desenrolar como no passado.

- De forma semelhante, podemos sentir sensações intensas de perigo para nós ou nossos entes queridos, mesmo sabendo cognitivamente estarmos seguros ou que a intensidade dessa emoção é injustificada.

Cuidado com mitos

- **"É suficiente dar a informação de que o perigo passou e que o sentimento irá desaparecer".** Conhecimento e motivo não têm efeito no senso de perigo. A pessoa que sofre de TEPT sabe que a guerra já passou faz tempo, mas as visões e sinais, quando disparados, continuam a se desenrolar de uma maneira bruta, sem elaboração. Isso é porque conhecimento e razão pertencem à rede de memória geral e o conteúdo da guerra é bruto e armazenado separadamente. As duas partes não são acessíveis uma à outra.
- **"Você precisa apenas de dar um pouco mais de tempo".** Quando nos referimos ao material armazenado em nossa memória de modo bruto, não importa quanto tempo já passou. A realidade é que o material que não é processado adequadamente em tempo real pode nos acompanhar por anos, como se experienciado pela primeira vez, como se tivesse acontecido ontem.
- **"Um evento traumático pode moldar e fortalecer nosso caráter".** Isso não é necessariamente verdade. Memórias armazenadas de modo bruto e que podem ser ativadas por um estímulo no presente não nos moldam e sim, pelo contrário, nos enfraquecem. Além disso, o dano psicológico que se desenrola em eventos subsequentes que nos lembram do evento central apenas cresce.

Agora, vamos às boas notícias...

Prevenção e primeiros socorros

Há coisas que podem ser feitas imediatamente após a experiência difícil, para ajudar nossa memória a processar apropriadamente e a diminuir o sentimento de perigo que será armazenado em uma 'cápsula' separada.

- Deixe o corpo saber que pode baixar a guarda e que o perigo passou, ao garantir hábitos apropriados de comer e dormir, bem como prática adequada de esportes e atividade física. Caso contrário, o corpo ainda sente como se estivesse em estado de emergência. Ainda está tenso e procurando por perigo e isso pode criar uma situação onde não há recursos suficientes para permitir o processamento adequado;
- Reduza o consumo de substâncias indutoras de ansiedade (nicotina, cafeína – café, chá, refrigerantes que incluam cafeína, como as "colas", álcool, drogas);
- Não tente enterrar a experiência, mas sim procure por fontes de apoio; e
- Assegure-se de fazer a atribuição correta de responsabilidade – auto-culpa aumenta ansiedade e interfere com nossa habilidade de lidar com e superar estresse.

Tratamento
- A ciência progrediu em anos recentes ao ponto de agora haver métodos inovadores no campo de trauma que não terminam quando se deparam com um ouvido atento, estimulando a conscientização ou entregando ferramentas aos poucos, mas que nos permitem compreender o processamento de nossas memórias originais que não foram administradas em tempo real e que podem ser processadas em tempo surpreendentemente reduzido.
- Agora você pode processar completamente suas memórias de qualquer trauma específico com o auxílio do EMDR, um método de tratamento concebido para ajudar a superação de temas relacionados a trauma com uma média de até 4 – 5 horas (para 80% dos casos).
- Quando formos lidar com traumas múltiplos, um método sistemático é requerido, normalmente em ordem cronológica.
- Tratamento pode mostrar resultados em cerca de poucas horas e pode ser feito em dias seguidos ou alternados.

- Após o processamento, o evento não mais é ativado em sua forma bruta, conforme o fazia no passado, mesmo se for um trauma sério, como um ataque, um desastre natural, acidente automobilístico ou o testemunho de uma morte ou ferimento.
- Luto é uma situação única que é mais difícil de superar e processar, mas ainda assim o tratamento pode reduzir a dor de modo significativo.

Apêndice F – Como saber se estou numa terapia exitosa?

Você decidiu buscar tratamento, você escolheu um terapeuta. O tempo passa, talvez mesmo alguns meses, e você compareceu a algumas sessões. A questão surge: Como é que sei se a terapia está funcionando?

Eu gostaria de oferecer critérios para ponderar a respeito da situação. Vou dividi-los em dois: dentro da sessão de terapia e fora do consultório, no mundo lá fora.

Dentro do espaço da sessão de terapia:
- Confiança na habilidade do terapeuta de te ajudar.
- O terapeuta demonstra compreensão e empatia?
- Há um senso de abertura e confiança?
- Um senso de que há um desacordo ou mesmo um insulto, ele não é maldoso e pode ser abordado e trabalhado.

Fora do contexto da sessão de terapia:
Aqui os critérios mudam em relação ao motivo para buscar tratamento.

Enfraquecimento ou desaparecimento dos sintomas, como: menos perda de controle, pesadelos, menos complexo de inferioridade e menos ansiedade. Ou uma elevação em:

- Esperança;
- Autoestima – um sentimento de competência e habilidade pessoal;
- Uma compreensão do self e do ambiente a sua volta;

- Um aumento nas ferramentas que utilizamos para lidar com e aprimorar nosso dia a dia;
- Melhora nas funções de vida: emprego, relacionamentos interpessoais, relacionamentos de família, descoberta de sentido na vida e mais; e
- Mudança positiva em nossa abordagem geral do mundo e de como o vemos.

Se duvidarmos se estamos recebendo o tratamento correto, é importante procurar pelos motivos que nos levaram a buscar tratamento e de conferir como o tratamento afeta esses motivos. Assegure-se de que você julga a terapia baseado em critérios relevantes. Os erros comuns nesse contexto são:

- A profundidade de conexão com o terapeuta. Conforme escrevi antes, o relacionamento com o terapeuta é o meio, não o fim. Confiança, conforto, e segurança no espaço de tratamento são todos importantes para um tratamento bem sucedido, mas os fins não deveriam mudar. O objetivo central deveria ser melhora fora do consultório.
- Aprofundamento da autoconsciência. O nível de autocompreensão que o cliente adquire em relação à fonte de seu sofrimento e padrões de comportamento problemático é apenas o primeiro estágio. A conscientização não é normalmente suficiente para iniciar a mudança. O cliente precisa adquirir a habilidade também. A habilidade é construída por meio de dois processos principais:
  1. Remoção dos grilhões – as memórias de eventos traumáticos que tendem a continuar nos assombrando e afetam adversamente nosso comportamento presente. O melhor jeito de saber é processar memórias perturbadoras utilizando o método terapêutico da terapia de EMDR.
  2. Provimento de novas ferramentas (para pensar, análise de situações, ajustamento e processamento emocional) e encorajamento para engajar-se em novas experiências.

Apêndice G – Crenças Negativas Positivas mais Comuns
Crenças negativas versus Crenças positivas

Crenças Negativas	Crenças Positivas
Não sou bom o suficiente	Sou bom o bastante
Não sou esperto o suficiente	Sou esperto o suficiente
Não valho nada	Tenho valor
Sou um fracassado	Sou um vencedor
Sou desprezível	Mereço ser amado
Sou um caso perdido	Posso melhorar
Sou um idiota	Sou inteligente
Sou insignificante	Tenho importância
Há algo de errado comigo	Estou em paz comigo mesmo
Sou feio, repulsivo	Tenho qualidades, estou bem do jeito que sou
Sou culpado	Posso me perdoar, posso assumir o ɔ faço
Deveria ter feito outra coisa	Fiz o melhor que pude
Sou uma má pessoa	Sou uma pessoa boa
Tenho vergonha de mim	Mereço respeito
Mereço coisas ruins	Mereço coisas boas
Não confio em minhas escolhas	Escolho do melhor jeito que posso
Sou uma decepção	Posso me aceitar
Mereço morrer	Mereço viver
Mereço viver infeliz	Mereço ser feliz
Nunca vou mudar	Posso aprender com meu passado
Sou fundamentalmente mau	Há coisas boas e más dentro de mim
Estou em perigo	Posso me proteger
Sou frágil, vulnerável	Sou forte, resistente
Estou prestes a morrer	Sou um sobrevivente
Não há pelo que viver	Posso encontrar sentido e motivo p viver
Não suporto	Posso lidar com isso
Não tenho controle	Posso enfrentar
Estou desamparado	Tenho escolhas
Sou fraco	Tenho forças
Não consigo cuidar de mim	Posso aprender a cuidar de mim
Não tenho controle	Posso enfrentar
Estou desamparado	Tenho escolhas
Sou fraco	Tenho forças
Não consigo cuidar de mim	Posso aprender a cuidar de mim

Mensagem pessoal da autora

Se você já se submeteu a uma terapia de EMDR, você já sabe como ele pode ser um divisor de águas, em tempo espantosamente reduzido.

Quero que você tome parte ativa em A Revolução EMDR. Olhe a sua volta – há tanto sofrimento desnecessário e potencial humano desperdiçado em nosso mundo – você pode fazer com que outras pessoas saibam como a vida pode ser com a ajuda do EMDR.

Ficarei muito grata, caso você decida enviar a história pessoal de sua experiência com EMDR (você pode omitir quaisquer detalhes de identificação que você escolher) para o site do livro www.TheEMDRRevolution.com, ou para meu email pessoal: tal@emdrexperts.com.

As estórias selecionadas serão publicadas, inclusive em meus próximos livros, e ajudarão a divulgar o método.

Agradeço antecipadamente,
Tal Croitoru

Reconhecimentos

Antes de mais nada, gostaria de agradecer à Dr. Francine Shapiro. Graças à curiosidade e à coragem dela, as vidas de milhões foram modificadas pelo mundo todo, incluindo a minha vida e as vidas de meus clientes. Pouquíssimas pessoas conseguem fazer o que ela conseguiu. O mundo tornou-se um lugar melhor por causa de pessoas como ela.

Sem o trabalho do Dr. David Servan-Schreiber, que escreveu o livro *"Curar: O Estresse, a Ansiedade e a Depressão sem Medicamento nem Psicanálise"*, eu nunca teria ouvido falar sobre o EMDR. Sua morte é uma perda enorme, mas fico feliz de ter podido agradecê-lo quando ainda vivia.

EMDR Israel é uma ONG que treina terapeutas de EMDR em Israel, minha terra natal. Devo muito a essa ONG por sua liderança que me ajudou a iniciar minha jornada no EMDR. Essa ONG faz com que Israel seja um dos países mais produtivos no uso e desenvolvimento de novos protocolos de EMDR.

Gostaria de agradecer à EMDRIA – EMDR International Association e sua lista ativa de discussão que beneficia milhares de terapeutas de EMDR pelo mundo, que nos ajuda a constantemente aprendermos uns com os outros e o HAP – a ONG de projetos internacionais de ajuda humanitária com EMDR (www.emdrhap.org), que sempre nos lembra de quanto o EMDR pode ajudar, mesmo nas situações mais difíceis.

Sou grata a meus clientes e aos terapeutas que emprego, por terem me permitido tomar parte na mudança nas vidas de tantas pessoas. Sou grata a cada um de vocês.

E finalmente eu gostaria de agradecer ao apoio de minha família e amigos, pela paciência e incentivo mostrado no dia a dia e enquanto eu escrevia este livro. Atrás de cada pessoa criativa há um grupo de pessoas que apoiam e permitem que o processo criativo ocorra. Tenho a sorte de ter em minha vida pessoas tão apoiadoras quanto: Oren Ben Ami, David e Hanna Croitoru, Jacob Lubinsky, Ofer Beith Halachmi, Orly Traubichi, Gili e Lior Kama.

Sobre a autora

Tal Croitoru tem bacharelado em Educação, Mestrado em Serviço Social Clínico, MBA e é uma aluna de doutorado em Serviço Social.

Nos últimos anos, ela tem trabalhado como psicoterapeuta, Terapeuta Certificada em EMDR e supervisora em sua prática privada, administra uma cadeia nacional de clínicas de EMDR e tem sido professora desde 2007 na Universidade de Haifa, no Departmento de Serviço Social.

Desde que se deu conta do potencial do EMDR para a mudança de milhões de vidas em relativamente pouco tempo, ela tem devotado sua vida a expandir internacionalmente o alcance do EMDR por meio de palestras, produtos de divulgação, uma rede profissional de EMDR e livros.

Você pode descobrir mais sobre o trabalho dela e conseguir acesso aos recursos do EMDR nos sites dela:
www.TalCroitoru.com
www.TheEMDRRevolution.com
www.emdrexperts.com
Ela pode ser contactada diretamente no email tal@emdrexperts.com

No Brasil, contatar TraumaClinic Edições:
info@traumaclinicedicoes.com.br

Se você tivere interesse nos cursos de formação em terapia EMDR visite o site www.emdrtreinamento.com.br

Há profissionais no Brasil inteiro (e Portugal) que atendem nas suas clínicas. Visita a página de Procure um profissional:
www.emdrbrasil.com.br

Em Brasilia, a TraumaClinic atende seus clientes com terapia EMDR. Ligue para: (61) 3242-5826

Mais Livros Sobre EMDR

Leia mais sobre esse livro em nosso site
traumaclinicedicoes.com.br
Para adquirir o livro *Curando A Galera Que Mora Lá Dentro* acesse a nossa loja virtual
https://www.createspace.com/4247161

Para saber mais sobre esse livro e para adquiri-lo acesse o nosso site
traumaclinicedicoes.com.br

Leia mais sobre esse livro em nosso site
traumaclinicedicoes.com.br
Para adquirir o livro *Cura Emocional em Velocidade Máxima: O Poder do EMDR* acesse a nossa loja virtual
https://www.createspace.com/4086803

Leia mais sobre esse livro em nosso site
traumaclinicedicoes.com.br
Para adquirir o livro *Dia Ruim... Vá Embora* acesse a nossa loja virtual
https://www.createspace.com/4000572

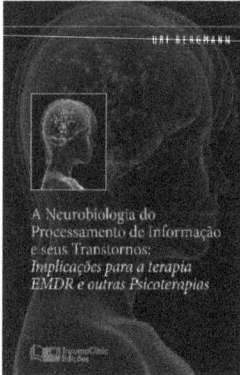

Leia mais sobre esse livro em nosso site
traumaclinicedicoes.com.br
Para adquirir o livro *A Neurobiologia do Processamento* acesse a nossa loja virtual
https://www.createspace.com/4803036

Leia mais sobre esse livro em nosso site **traumaclinicedicoes.com.br**
Para adquirir o livro *Terapia de EMDR* acesse a nossa loja virtual.

Leia mais sobre esse livro em nosso site
traumaclinicedicoes.com.br
Para adquirir o livro *Definindo e Redefinindo EMDR* acesse a nossa loja virtual
https://www.createspace.com/4424746